5年以内にコンサルタントで独立して成功する法

水野 与志朗

A METHODOLO
TO BE A SUCC
INDEPENDENT
CONSULTANC

同文舘出版

はじめに

将来、経営コンサルタントを目指す人は、独立するまでに何を学んだらいいのか？

それも、薄っぺらなコンサルタントではなく、精神的にも能力的にも「商売としてやれるだけの実力のある経営コンサルタント」になるには、何を学ぶべきか？


本書のテーマはここにあります。

おそらく、あなたはすでに何かの仕事に就いていて、将来コンサルタントとして独立することを考えているのではないでしょうか。何を専門とする経営コンサルタントになるかは、あなたしだいです。しかし、何のコンサルタントになるにしても、知っておいたほうがよいことがあります。それが、「コンサルタント的発想」です。別の言葉では、「問題解決志向」です。

コンサルタントとは医者のような存在であり、医者が患者の病気を取り除くように、コンサルタントも、クライアントの問題を解決することが求められます。「問題解決志向」を身につけるためには、コンサルタントになる前に学ばなければならないことがあります。

その学びの期間を、経営コンサルタントになるまでの「下積み時代」と言ってもいいでしょう。少々、暗いイメージがあるかもしれませんが、私には「愛おしさを感じる言葉」です。下積みの時代は、誰にでも必ずあります。下積みの頃の話は「ゴッドファーザーPART II」のヴィトー・コルレオーネの若き時代（ロバート・デニーロ）のように、共感や驚きを与え、そして愛おしさを感じさせます。

では、コンサルタントはどのような下積み時代を過ごすのでしょうか。人の数だけ、いろいろなケースがあります。しかし、共通して大事なことは、「何を学ぶか」の視点をはっきりとさせておくことです。これが、独立後の明暗を分けます。あるいは独立の時期を早めたり遅くしたりします。

本書では、その「学ぶ視点」について述べました。あなたはいったい、どのような下積み時代を過ごすでしょうか。どのような「物語」を描くでしょうか。そのために、本書が少しでもお役に立つことを願っています。

本書では、私自身の下積み時代の話も多く掲載しました。私がコンサルタントとして独立して、13年が経ちます。またコンサルタントになるまでに、12年のサラリーマン時代があります。その間に多くの上司や先輩、同僚に助けられ、励まされ、多くを学ばせてもらいました。これらの経験そのものが、本書のベースにはあります。

とくにサラリーマン時代の話、つまり「コンサルタントの私」ではなく、「あなたと同じように独立前の私」の話を中心にして、同じ目線で書き上げました。

本書では、とくに20代の若いビジネス・パーソンを想定して書いていますが、どの年代の方が読んでも参考にしていただけると思います。お楽しみください。

水野与志朗

2015年1月

目次

2章　PDCAを徹底的に身につける

3章　専門分野を確立する

4章 論理的思考力を身につける

5章　教える技術を磨く

装丁・本文デザイン／朝日メディアインターナショナル

1章

コンサルタントになるには最低5年の実務経験が必要

コンサルタントは「出口」の職業

では、まずコンサルタントという職業の本質を考えてみましょう。私はコンサルタントを職業にしていますが、コンサルタントが私の職業的本質ではないと考えています。職業的本質とは、お客様（社会）に提供できるものです。たまたま、今は「コンサルタント」と名乗っていますが、私の職業的な本質は「マーケティング、とくにブランドの専門家」です。

よく「コンサルタントになる」と言いますが、本当はコンサルタントという職業はないのです。そこにあるのは、「何かの専門家」としての実像です。それまでの経験、実績、努力によって何かの専門家となったから、人様から「相談を受ける立場＝コンサルタント」となれるのです。したがって、コンサルタントになろうと思ったら、早く「何かの専門家」になることです。〝一芸を磨く〟ことが基本戦略です。

私は、「コンサルタントは出口の職業」と言っています。たとえば、私であれば「入口」は味の素ゼネラルフーヅでの「営業」「営業企画スタッフ」「ブランド・マネージャー」でした。その後、マーケティング、ブランドについてもっと極めるためにマキシアム・ジャパンに転職して、「マーケティング・マネージャー」をやり、「グローバルなブランディング」を経験し、さらにハーシージャパンでは全社をまとめる上級管理職として、「マーケティング・ディレクター」をやりました。

そのような経験をベースに、「ブランド経営コンサルタント」として独立（出口）に至ったわけです。

大企業も中小企業も、キャリアの価値に変わりはありません。成功ばかりのキャリアが偉いわけでもありません。そのプロセスで、その人が何を学んだかに価値があるのです。コンサルタントの価値の源泉とは、経験を通じて得た、その人なりの哲学、または処世術だと思います。

最低でも、5年は実務経験を積む必要がある

コンサルタントは、本で勉強しただけで務まる仕事ではありません。何かの専門家として、自分には解決できないことを、「あの人ならできるに違いない」と思わせるだけの〝実〟があって、初めて「コンサルタント」という肩書きがつくのです。事実、コンサルタントになるには、最低でも5年の実務経験が必要です。事業会社、またはコンサル会社でビジネスを切り盛りする経験をきちんと積んでいること。しかも、何らかの結果まできちんと見届けていることが重要です。仕事でそれなりの結果を得るには、最低でも5年くらいはかかるものです。実際には、もっと多くの時間が必要でしょう。

こうしたことは、いくら強調しても、しすぎることはありません。私が理事を務める(財)ブランド・マネージャー認定協会では、ブランディングについてのセミナーや講座を開催していますが、そこでも生徒さんによく言うことです。生徒さんの中には、協会でひと通りの知識を得れば、ブランド・コンサルタントとして看板を上げられると考えている人もいますが、現実は違います。協会では、知識を教えることはできても、「実務的なスキル」

を経験させることはできません。コンサルタントに必要なのは後者、つまり経験を通じた処世術、考え方、ノウハウ、スキルなのです。むしろ、知識は後から学んでもいいのです。

生徒さんを見ていても、きちんと経験を積んできた方は協会で学んだ知識が後押しして、よいコンサルタントとして活躍されています。なので、私が協会でごくたまに行なう「コンサルタント養成講座」でも、お話しするのは「コンサルタントとしての考え方や生き方」についてです。コンサルティング実務は、経験に基づく洞察やアウトプットのクオリティが必要であり、「知っている」ことと、実際に「できる」ことには隔たりがあると考えています。

コンサルタントに限らず、世の中の〝士業〟とはそういうものではないでしょうか。日本では国家資格という概念が長い間、幅をきかせていたように思います。試験に合格したら、弁護士でも会計士でも開業できます。開業はできますが、仕事のクオリティは別です。ですから、多くの弁護士や会計士は、試験に受かる前からどこかの事務所に入って実務経験を積むのです。

中小企業診断士はコンサルタントの資格ですが、コンサルタントになるために取らなければならない資格というわけではありません。コンサルタントとは、基本的には国家資格を求められる職業ではないのです。誰でも、その日から名乗ればコンサルタントとしての仕事はできます。それが、コンサルタントのイメージを貶めてきた原因でもあります。何かの専門家になり切れていないのに、「コンサルタント」と名乗る人があまりにも多いと思います。

■世の中には真面目にやっているコンサルタントのほうが多いのに、「妙なレッテル」が貼られている

しかし、名乗る人が多いことを嘆いても仕方がありません。実際に問題なのは、「プロフェッショナルとして問題解決に当たれるかどうか」です。どのような形でコンサルタントになるにせよ、ここができなければ、そのコンサルは単なる〝ニセ医者〟です。キャリアがどうであれ、勤めている会社がどうであれ、関係ありません。結局、クライアントを失望させてしまい、次の仕事にもつながりません。つながらないだけならまだしも、そのようなコンサルタントに失望したクライアントは、「コンサルなんてインチキだ」と言って憚らないでしょう。

どのような職業もそうですが、「コンサルタント」という職業にもレッテルがあるように思います。人によっては、こちらが「コンサルタント」と名乗った瞬間に、すぐさま「不信

感カテゴリー」に放り込むようです。私も、コンサルタントというだけで、そんな悔しい思いをしたことがあります。色眼鏡で見られたこともあるし、「私はそんなことはないのですが、コンサルというだけで社内でのアレルギーが強い」と、あからさまに言われたこともあります。そんな経験をしているコンサルタントも少なくないでしょう。そのようなレッテルが貼られるのは、レッテルを貼る側の「コンサルタント体験」があまりよくなかったからに違いありません。過去に、コンサルを雇ってうまくいかなかった経験があるのです。

■私のサラリーマン時代のコンサル体験

実は、私もそのようなコンサル体験をしたことがあります。ちょっと笑えるのでご紹介しましょう。マキシアム・ジャパンという洋酒会社に勤めていたときの話です。

ちょうど、社長が替わるタイミングでした。今度の新社長はカナダ人。私がいた会社は外資系でした。日本のことがよくわからない新社長は、カナダ時代からの付き合いのある戦略系コンサルティング・ファームに連絡しました。「今、日本支社の何が問題なのか教えてくれないか」「そして、どのような手を打つべきか提言してほしい」。

そのコンサル・ファームの日本支社にいるコンサルが乗り込んできました。私はクライアント側のマーケティング・マネージャーだったため、いろいろと話を聞かれる立場でした。当時、社内は人間関係が希薄でセクショナリズムも強く、あまりいい雰囲気ではなかったのです。私は何が問題と思うか、どうしたらいいかを一所懸命に話しました。私以外にも、マネージャー職は全員インタビューを受けました。誰もが一所懸命に協力したと思います。こうして、プロジェクトは2ヶ月に及びました。

そして2ヶ月後、コンサルタントから提言書が出てきました。3㎝もありそうな分厚いレポートです。そこには、いろいろな分析がなされていました。それはそれで興味深いものでしたが、最後の提言は「社員同士のチームワーク感が弱い。よって社員旅行をせよ」というものでした。これは嘘ではありません。提言したのは日本人のコンサルタントたちです。

カナダ人の社長以外、「はあ?」と誰もが思いました。外国人である新社長には、新鮮な提言だったのだと思います。その提言に大いに同意し、われわれ日本人スタッフも「社長がそこまで言うなら」としぶしぶ同意し、そして数ヶ月後には社員全員参加で1泊2日の小田原旅行が実施されました。1日目は戦略会議として次年度の事業計画を全社員に発表。その後は温泉に入り、酒を飲んで1泊するというものです。もうこれ以上、書くこともないでしょう。この2ヶ月で、会社はコンサル会社にコンサル料2500万円を支払いました。その金額を聞いて、私たちは誰もがぐったりしました。

■クライアント側の問題でもある

2500万円も払って社員旅行か!? 依頼したコンサル・ファームは、世界的にも有名な一流（超一流ではない）の会社でした。外国人のパートナー氏も感じがよかったし、優秀さを絵に描いたようなコンサルタントが何人も乗り込んできました。「それなのに、社員旅行とは……」。

もっとも、私たちも「それ以外に打つ手はないのですか?」と聞かなかったわけではありません。当然です。しかし今では、それ以外の提言が何だったのかすら覚えていません。あまりにも社員旅行のインパクトが強かったのと、たぶん、その程度の提言だったと思われます。いや、仮に社員旅行が効果的な打開策だったとしても、後々考えると、いろいろとコンサル・ファームの不都合なことが見えてきました。

まず、契約時まで会社に来ていた偉い人たちが、契約後になると、ほとんど姿を見せなくなったことです。その代わりに、それこそ「昨日、学校を出たような」若い経験の浅いコンサルタントがチームのリーダーとしてつきました。そして、契約時まで来ていた先生方は、オフィスにいて助言をする立場になりました。若い彼も一所懸命やってくれたとは思いますが、われわれの案件が、彼の勉強に使われたことは明らかでした。

二つ目に、社員旅行の目的そのものを、われわれが社内に伝えることをしなかったことです。これは、コンサルタントの失敗と言うより、われわれの失敗でした。「社内の関係性が希薄になっているので社員旅行を実施しましょう」――これが正しいかどうかは別にしても、そのような説明をしなかったために、目的を持った社員旅行が、ありふれた社員旅行になってしまいました。よく言って、「次年度戦略説明合宿」です。関係性を改善する目的が、どこかで旅行に行くことが目的化してしまったきらいがありました。

三つ目も私たちの責任ですが、社員旅行が終わって、「どんな効果があったか」のレビューをしませんでした。そもそも、レビューのための達成基準（ＫＰＩ）を、コンサル会社とも話していませんでした。なので「やりっぱなし」で、やはり単なる社員旅行以上でも以下でもなく、いったいどんな効果があったのか、薬は効いたのかどうか、さっぱりわからないままプロジェクトは終わりました。

今から考えると、われわれにも問題があったと思います。コンサルタントが一方的に、すべて悪かったわけではありません。われわれにも責任がありました。それは真摯に受け止めています。

ただ、私はこの経験をもって、「コンサルなんてダメだ」と言うつもりはありません。この社員旅行を提言したコンサル会社には悪いですが、私にとっては反面教師となりました。この経験のおかげで、コンサルタントになった後の提言のクライテリア（判定基準）や仕事の方針ができたとすら思えます。そういう意味では感謝しているのです。

■「コンサルタント的発想」を身につける

さて、コンサルタントになるには、コンサルタントになる前に「コンサルタント的発想」を身につけることが必要です。そのために、「そのようになるキャリアを意識的に積む」といいでしょう。コンサル的発想とは、ひと言で言うと**「問題解決志向」**です。私が考えるコンサルタントとは「医者」のようなものであり、医者が人々の病気を治すように、私たちもクライアントの問題や課題を解決することが求められます。

コンサルタント的発想は四つあります。それは、**「実験と検証の徹底（PDCA）」**「**絶対**

的に得意な専門分野」「論理的思考力（ロジカル・シンキング）」「他人に教える技術」です。どのような仕事であれ、このような能力・スキルを身につけることは可能です。当然、相当な努力も必要です。コンサルになる前に、そのようなスキルを身につける、またはコンサル的発想を体得するための「キャリアパス」を描くことです。

要は、「どのようなキャリアを積めば、コンサルタントとしてやっていけるのか」を最初に考えることです。

■22歳の私がもらった、コンサルタントからのアドバイス

1991年、私が大学4年の春休み。就職活動を始めるにあたり「将来、コンサルタントになりたい」と、ある経営コンサルタントに相談したことがあります。織田義郎先生と言います。織田先生は70年代、松下電器産業株式会社（現パナソニック）で海外事業に携わるビジネスマンとしてニューヨークで活躍した後、80年代には経営コンサルタントとして独立。コンサルタントとして成功を収め、90年には長年の夢だったプロの画家に転向。現在はエッチング工房を開き、数百点の作品を手がけ、全国で個展を多数開催されています。

当時、先生はある会社の顧問をされていました。私はその会社に勤める知人に紹介しても

らい、会っていただくことができました。22歳の私は、コンサルティング会社に就職するつもりでした。そこで、どのようにしたらコンサル会社への就職活動を成功させられるかを相談したのです。そのときの先生の開口一番の言葉を忘れることができません。

「コンサルタントを目指すのは立派だが、いきなりコンサルティング会社に就職するのはやめなさい」

そして諭されました。「経営者の中には、一代で30年かけて100億円の企業を作った人もいる。そのような人を相手に、昨日学校を卒業したような若者がコンサルティングを行なうなど、おこがましいと思いませんか?」。

私は、目からうろこが落ちました。非常に大きな納得感、腹落ち感がありました。そして、ぐいぐい話に引き込まれていきました。織田先生は、「本で勉強したことだけで務まるような仕事ではない。ちゃんと経験を積みなさい。どんなに優秀な人でも、最低3年は事業経験を積む必要がある」と教えてくれました。私はその言葉にものすごく合点がいったのを覚えています。

そして「ちゃんとしたコンサルタントになるには」について、大事なことを三つ教えてもらいました。22歳の私は、襟を正す思いでした。私はその言葉を必死でメモし、コンサル会社に就職するなどということはいったん忘れることにしました。

■織田先生の大事な「三つの教え」

織田先生から教えていただいた大切なことのひとつ目は、「事業観を身につける」です。

私が、織田先生のような経営コンサルタントを目指していたことでいただいたアドバイスです。事業観、つまり「リアルな会社組織とはどのようなものか、どのような組織力学が働き、仕事が進むか」についての実践的な理解が必要だと言われました。

「生きた経営」にどっぷりつかるとわかりますが、経営の現場では、論理的には理不尽とされることや不合理なことでも、清濁を併せ呑むような意思決定が行なわれ、さらにその結果がよく出ることもあれば悪く出ることもあるという、まさに生き物のような様相を呈するものです。そのようなリアルな現実をたくさん見ることで、自分の中に、ある種の経営観・事業観を持つことが必要なのです。

なぜならば、これがないとクライアントと本当の意味でコミュニケーションできないからです。クライアントの言っている意味がわからない、またはなぜそのような不合理なことを野放しにしておくのかの実際的な理解ができないなどの問題が起こってしまいます。

また、組織にはそれぞれ独特な力学があるもので、ときには組織は人格を持つようになるのです。そして働く人を管理・強制します。クセがあるのが組織なのです。これは会社によってさまざまです。その会社のクセを知らないと、コンサルタントは仕事になりません。

そのクセを知るには、「組織・会社のクセがどのようなものか」を推し量る基準が必要です。その基準となるものが事業観です。自分なりの事業観を持ってクライアントの組織を眺めることで、そこに異常値や課題、または優れた点を発見することができるのです。

二つ目のアドバイスは、「マーケティングを身につける」です。それも、教科書で読んだマーケティングではありません。「実際にモノを売る能力」、または「大いに売ったことがあること」をマーケティングと言います。営業力もマーケティングに含まれます。これも私がマーケティングを専門・強みにしようとしていたからいただいたアドバイスとも言えます。一段階、抽象化して言うならば、「専門分野を極めろ」ということかと思います。これについては多くの説明は要らないでしょう。コンサルタントが出口の職業である以上、当然のことです。

しかしながら、仮にマーケティングを専門としないコンサルタントであってもマーケティングは大事だと思います。なぜなら、ビジネスにおいてマーケティング的な発想、モノの考え方というのは、「問題解決の手法」そのものだからです。

そのような力は、誰の人生にとっても非常に価値のあるものだし、コンサルタントとしてやっていくのであれば、分野を限らず絶対に必要と断言できます。また独立してコンサルタントとしてやっていくのであれば、なおさらマーケティングは重要になります。自分の事務所をマーケティングする必要があるからです。


三つ目のアドバイスは「英語」でした。当時は、とくに大手日本企業がアメリカ市場に本格的に進出して競争が激しくなった頃でした。ちょうど、日米構造協議などの貿易摩擦の問題が喧伝されていたのもこの頃です。そのような環境を想定したときに、「英語が使えない」というのは、致命的なハンディキャップだと言われました。本来なら積めるはずのビジネス経験を、英語ができないために、むざむざふいにしないようアドバイスをくださったのでした。

このアドバイスは、むしろ今のほうが重要かもしれません。若い世代が英語を使いこなす一方で、言葉で躓く「キャリアを積んだビジネスマン」が少なくないように思います。

■一度にすべてを手に入れられる会社を選んだ

私は、織田先生からのアドバイスをもとに「事業観」「マーケティング」「英語」を一度に手に入れられる会社を探しました。コンサル会社にいきなり入るのではなく、まずはきちんと実務経験を積むことが正しいプロセスだと理解しました。そのようにして選んだ会社が、味の素ゼネラルフーヅ（AGF）でした。

この会社はコーヒー事業を行なう製造販売会社で、当時の年商は1000億円弱。社員も1000人ほどいました。大きすぎず小さすぎず、事業観を身につけるにはちょうどいい企業規模でした。

あまりにも大きな会社では、自分の仕事が細分化されすぎてしまって、事業観を身につける頃には定年を迎えてしまっているかもしれません。逆に、あまりにも小さい会社では、経験のダイナミズムに問題があると考えました。

また、同社は「マーケティング」に優れた会社でもあります。今でもこれは変わりません。味の素ゼネラルフーヅのコーヒーマーケティング部（当時）は、後で知ったのですが「ヘッドハンターの狩場」と呼ばれていました。今では隔世の感がありますが、当時は大きな広告予算と積極的なブランド投資で有名な会社でもありました。

ここのマーケターは、ブランド・マーケティングのことなら何でも知っていました。親会社がアメリカのクラフトフーズ（現モンデリーズ・インターナショナル）で、そこのマーケティング・テクノロジーが活きていました。一方で、もうひとつの親会社が味の素で、日本の流通業に即した営業活動をしており、グローバルなマーケティング・コンセプトをローカルに展開する会社でした。

クラフトフーズと味の素のジョイントベンチャーだったので、「英語」は当然、その機会も多いと考えました。海外留学制度もありました。ただし、英語に関しては誤算でした。私は海外留学もしませんでしたし、社内は完全な日本企業でした。しかしその分、事業観を磨くには都合がよかったと思います。

これからコンサルを目指すあなたへのアドバイス

織田先生からいただいたアドバイスは、今でも有効だと私は考えています。とくに、私のようにマーケティングやブランディングなどのビジネス分野で活躍したい人には、私も同じようにアドバイスするかもしれません。

しかし、不特定多数のさまざまなコンサル志望の方々にアドバイスするには、やや偏ったものになる恐れがあります。そこで2章から、私なりの「コンサルタントになるための準備・心構え」を紹介したいと思います。

話に具体性を持たせるために、「コンサルタントになる前の私の経験談・キャリアパス」を適時、事例として取り上げながらお話しします。私の経験に基づいているので、必然的に「マーケティング系のコンサルタント」が前提になってしまうことはお許しください。では、始めましょう。

2章

PDCAを徹底的に身につける

社会人1年目はこれをやれ

コンサルタントは、アウトプットするために常にインプットしなければならない職業です。インプット（学び）とは「仕入れ」であって、仕入れるものがよければクライアントへのアウトプットもよくなります。あなたは、まだコンサルタントではないかもしれませんが、どうせなら今から「コンサル的なインプット」を始めてみてはどうでしょうか。コンサルタントのように振る舞うことが、コンサルになる近道でもあるので、私はそれをお勧めします。

たとえば、かつての私のように、コンサルタントを目指す、社会人1年生の青年がいるとしたら、真っ先に思いつくアドバイスは「ＰＤＣＡを徹底的に身につけろ」というものです。コンサル的発想を身につける、最初のテーマはここです。また、社会人最初の1年はこれで充分ではないかと思います。ＰＤＣＡは、ビジネスではごく基本的なものです。

これは、Plan-Do-Check-Actionの頭文字を取ったもので「計画」「実行」「検証」「再実行」を意味します。ビジネスを開始するに当たり、まず「何をやるのか」を計画しなければなりません。次に「実際にやってみる」ことが大事です。そして、「うまくいったかどうか」を検証します。最終的に「命中率の高いこと」を再実行して、本当の成果を得るわけです。
つまり、「必勝パターン」を見つけるプロセスです。いったん必勝パターンが見つかったら、後はそれを徹底的に繰り返します。

これは、コンサルタントの日常の業務プロセスでもあります。また、コンサルタントになるための「インプット」「学び」のプロセスも同様です。PDCAを通じて、私たちはさまざまな、細々としたことも含めて学びます。専門分野の本を読んだだけでコンサルタントになれるとか、コンサルタント養成セミナーを受講すれば、コンサルタントになれると考える人は少ないでしょう。それらも大事なインプットではありますが、実際に仕事で使えるノウハウとは、日頃のPDCAの中から得られるものなのです。

■あたかも自転車に乗るようにコンサルティングできること

また、「学ぶ」ということについても触れておきましょう。私は、人の学び方には三つの方法があると考えています。まずは「視覚による学び」です。たとえば、「本からの知識」は視覚による学びと言えるでしょう。次に、「聴覚による学び」があります。「セミナーでの学び」は聴覚が中心かもしれません。

最後に「身体感覚による学び」があります。たとえば「自転車に乗れるようになる」や「泳げるようになる」などは、実際の身体感覚を通じた学びの結果であり、「少々痛い思い」や「苦い経験」、またはそれを克服したときの「感激」などの感情を伴ってコツを体得していく学びです。そう、「体得」というのが重要なキーワードです。コンサルタントになるための学びで最も大事なのが、身体感覚での学びです。

身体感覚を通じて得た学びは非常にパワフルです。たとえば自転車に乗るときに「まずハンドルを握って、次に右足でペダルを踏んで……」といちいち考えながら乗る人はいません。そのように考えなくても、自然に体が動き、自転車を乗りこなしているはずです。「わかるとできるは違う」と言うのは、こういうことです。

考えなくても体が動く。あたかも自転車に乗るように、クライアントの問題解決が直観的にできるようになること。自転車同様、ほぼ間違えることなく直観的に解決策を言い当てるレベルこそ、本物のプロのコンサルタントです。これが私たちの目指すゴールです。

そのためには、経験を通じて身体感覚で「体得」した学びを意識しなければなりません。

もちろん、視覚や聴覚からの情報も重要ですが、それ以上にリアルな肌感覚で、まさしく自転車に乗るのと同じ感覚で問題解決できるスキルでなければなりません。

日頃、多くのビジネス・パーソンを見ていて思うのは、意外にもＰＤＣＡをきちんと回せている人が少ないことです。とくに「検証」が弱いことが多いようです。「やりっぱなし」になっているか、あるいは「売上げが上がった・下がった」というレベルの非常に大雑把な検証で終わっていることが多いのです。

長年、キャリアを積んでも、それだけでコンサルタントになれない人もいます。私は、ＰＤＣＡに慣れているかいないかは決定的な要素だと考えています。コンサルに向く人は意識的にそれを行なってきた人だと思います。

検証とは、「学びがあるレベル」で行なわれるもので、「なぜ売上げが上がったのか・下がったのか」「その原因から示唆されるものは何か」というレベルで行なわれるものです。これがノウハウになります。知恵（知識ではない）と言ってもいいでしょう。ぜひ、このレベルの検証をこころがけてください。ＰＤＣＡがきちんと回せるだけで、あなたはコンサルタントに向けて一歩も二歩も前進できるはずです。

営業マンらしくない営業マンだった

ＰＤＣＡに絡んで、私が新人営業マン（23歳）だった頃の話をしましょう。ＡＧＦ（味の素ゼネラルフーヅ）での最初の配属先は大阪支店営業一課。仕事は地元スーパーマーケットへのルートセールスです。ルートセールスというのは、顧客リスト（店舗リスト）を渡されて、そこの店や本部に定期的に商談に訪れるタイプの営業です。

当時、織田先生からのアドバイスもあり、マーケティングの仕事に飢えていた私は、少しでも営業活動をマーケティングっぽくやりたいと考えていました（当時の私にとって、営業とマーケティングは別物でした）。

その具体的なものが、「ＰＯＳデータを活用した営業」でした。ＰＯＳデータの活用とは、買い物をするとレジで商品をスキャンするＰＯＳの購買データを集めて、売れ筋分析や品揃えの決定、価格の決定、またはプロモーションの検証などを行なうのです。まさに、マーケティング的な営業ツールです。

当時（1990年代中頃）は、POS分析に、どの営業マンも手を焼いている時代でした。多くの営業マンはPOSデータなどには無頓着で、むしろ年間契約（年契商品）をベースに納品し、店頭の販促を提案する商談をしていました。しかし、私はそのような「営業っぽい商談」にまったく面白味を感じることができず、POS分析だとか科学的な販促だとか、そんなことばかりを言っている営業マンでした。

「売りたいボリュームを消化するための提案ではなく、消費者が買ってくれるやり方を得意先に提案しましょう」と言っていました。正直、支店内でも浮いていたし、おそらく上司も「理屈っぽい、困ったやつが俺の下に来た」と悩んでいたと思います。

■検証のための実験店舗を持っていた

そんな中で、私はPOSデータを自由に見せてもらえて、かつ店頭でプロモーション実験をさせてもらえる店を作りました。実験店です。私が考える「仮説と検証」の営業スタイルには絶対に必要なものでした。平和堂茨木店。滋賀の平和堂さんの唯一の大阪での店舗です。店舗はアップスケールでキレイです。来店するお客様も〝ちょっとひと味違う〟ように見えました。

そんな店舗の店長に、私は懇意にしてもらっていました。店長もまだ若い人でした。そして、私と同じようにPOS分析だとか、実験だとかが大好きなタイプでした。

「こんな売り方をしたらどうですか」「ええねぇ」「こんな価格設定で、こんなPOPを作って」「それもええなぁ」「その結果を1週間後にまた連絡に来ますよ」。このような商談でした。そのたびに商品の発注をしてくださるのです。

私は色鉛筆やマジックを使って、エンドに貼り出す手書きPOPを作って持っていきました。当時は、POP作成のソフトもパソコン環境もない時代でした。店長も、私の提案とPOS分析の検証を楽しみにしてくれていました。その期待に応えようと、私は頻繁に平和堂に通っていました。

そして、その活動報告書を私は上司と、本社の営業統轄室にも送っていました。全社的な営業戦略を企画立案する中枢機能を持つ部署です。ここには、新人研修でお世話になった上司がいました。堀比寿さん。今でも、私がお世話になっている人生のメンターです。

当時、堀さんは営業企画グループの統轄マネージャーで、私にとっては新人研修時のマーケティングの先生でした。その先生にレポートを提出するのは当然、と私は考えていました。こうして私は、PDCAを身につけたと思います。

私がラッキーだったのは、大学のゼミで教えてくださった故・田島義博先生（第24代学習院院長）から、「マーケティングとは仮説と検証」ということを徹底的に叩き込まれていたことでした。その具体的な検証ツールとしてＰＯＳ分析というものがあり、社会に出て早々、実際にＰＯＳ分析を使ってみたくて仕方がなかったのです。

■ 現状の課題は何か

コンサルタントに限らず、ＰＤＣＡこそビジネスの基本サイクルであり、仕事を進めるうえでの共通言語です。繰り返しになりますが、社会人1年目はこれをマスターする（慣れる）だけでも充分だと思います。そこで、ＰＤＣＡの回し方について少々お話ししましょう。

よいＰｌａｎのために、最初に大事なのは「現状の課題を明確にする」ことです。ビジネスでは常に、何らかの課題があるものです。どのような会社でも、「理想と現実のギャップ」を抱えているものです。このギャップのことを「課題」と言います。ギャップを埋めるためにＰｌａｎが求められます。

課題を前提にしたＰｌａｎでなければ、ギャップを埋める役には立ちません。たとえば、売上げが悪いことに対して、闇雲に「営業が頑張っていないのだ」と決めつけて尻を叩くようなものです。しかし本当のところ、売上げが悪いのは、「新商品が出ていない」「価格が高い」など、他の原因（課題）も考えられます。どれだけ営業マンの尻を叩いても、「商品の問題」が原因であれば、あまり効果は望めないでしょう。

課題の明確化の重要性を認識しているプロは、最初に、まるでハンターが獲物を仕留めるように、「課題に照準を合わせる」作業をします。おそらく、課題は現場にあります。つまり「足元を眺める」のです。今自分が抱えている課題を、あたかも探偵になったつもりで嗅ぎ回るのです。けっこう、泥臭い作業でもあります。

Ｐｌａｎとは、そのように「動きながら作るもの」であって、そうでないものを「机上の空論」と言います。やがて、課題が明確になると同時にそれを解決するＰｌａｎができてくるでしょう。これを「仮説」と言います。

■ＫＰＩを決める

Ｄｏは、課題（原因）を取り除くＰｌａｎを実際に行なうことです。このときに大事なことは、「どの程度の成果を出したら成功と見なすか」の判断基準を、Ｄｏする前に決めておくことです。

この判断基準のことを、「キー・パフォーマンス・インディケーター（ＫＰＩ）」と言います。目標を数値化することと言ってもいいでしょう。たとえば、「売上げを伸ばす」というのは「どの程度伸びたら、〝売れた〟と見なすのか」を決めることです。期待値を最初に設定して、それを基準にＰｌａｎの妥当性を検証します。

ＫＰＩの決め方はさまざまです。元々何らかの目標値があり、それがそのままＫＰＩになることもあれば、Ｐｌａｎを作る過程で決められることもあります。多くの場合は、課題に立脚した決め方をします。

たとえば、小売業で「売上げを伸ばす」のであれば、「売上げ」の要素を三つに分解して考えるかもしれません。「入店客数」「来店者の購入点数」「来店者の客単価」です。売上げはこの三つの要素の掛け算です。そして、「入店客数を増やす」のであれば、「入店客数を何人から何人に増やす」と決めた数字が具体的なＫＰＩになります。

■ 小さく試す

Ｄｏでは、「小さく試す」というスタンスが重要です。うまくいくかどうかわからないものを一気に導入するのではなく、まずは検証を目的に小さく試してみることをします。新しい靴に靴クリームを使うのに、一気に全体に塗り込まないようなものです。見えないところで小さく試して、問題がないようなら大きく使います。この「大きく使う」ことを「横展開」と言います。

このやり方のいいところは、新しいことや未知なことへの不安やリスクが最小限に抑えられるうえに、実施のスピードも格段に速くなることです。極端な言い方をすると、早く試して早く結果を見るほうがいいのです。成功でも失敗でも構いません。その結果から早く学ぶほうが賢いと考えるわけです。スピード感を持って動くことが大事です。

よく仕事のできる人は朝型人間が多いと言います。朝の5時くらいに起きて、会社に行く前にひと仕事終える。そのようなタイプの人は、間違いなくセンスのある人です。逆にスピード感のない人は、「動いても後の祭り」であることが多いものです。どうせ動くなら、人に先んじて動くことです。

■行動しなければ何も学べない

行動についてもお話ししておかなければなりません。それは「動く」ということです。実は、「動く」ができていなくて成果が出ないケースが少なくありません。たとえば営業マンを見ていても、成績の悪い営業マンは、総じて「動いていない」ものです。「忙しい」と口で言う割には、暇そうにしています。または、資料づくりに忙しく、結局「お客様に会えていない（動けていない）」ことも多いものです。

営業マンに限らず、「いちいち躊躇感」も見られます。何をやるにも、失敗することやどうでもよい些末なことが気になって、一向に前に進めないケースです。あるいは、ちょっとやってみてダメだと、すぐに行動が止まることも少なくありません。「こんなことをやっても無駄だ」と決め込んで、またしても動かなくなります。

これでは、サイクルを回すことすらできません。サイクルを回さなければ、結局、何も学ぶことはできません。いったんＰｌａｎらしきものを作ったら、まずは信じて全力でやってみる。たとえば、３ヶ月から半年はきちんとやり遂げる。それをレビューして結果を検証する。そうやって、ＰＤＣＡを粘り強く回すことが大事です。

■検証のコツは何か

では、Ｃｈｅｃｋ（検証）のコツとは何でしょう？　まずＫＰＩに沿って、「あらかじめ検証できる仕組み」を用意しておくことが重要です。たとえば、ＫＰＩが「入店客数を何人にする」としたのであれば、実際に客数をカウントできる仕組みがなければなりません。

たとえば、アルバイトを雇って入口で調査することが考えられます。先ほどの私の営業マン時代の話であれば、実験店舗やＰＯＳデータがそうでした。それによって「何曜日がよく売れる」「チラシの入ったときは、そうでないときに比べて何％くらい多く売れる」「価格を下げたときはそうでないときに比べてどうか」「エンド企画を組んだときはどうか」などのデータを取りながら検証をしていました。

ビジネス・パーソンの多くが検証をきちんとできないのは、このような検証の仕組みをあらかじめ想定しないままＤｏするからだと思われます。ときには、労力やお金がかかることがあるかもしれませんが、学びを充実させるには必要な経費かもしれません。

■現場を見ること

また、Ｐｌａｎの段階では見えていなかった要因も影響するものです。そのようなことを発見するには、「きちんと現場を見る」ことが大事です。定点観測でも構いません。現場で起きていることを把握することで、結果の裏側にある「真の要因」が把握できます。現場を見ることの重要性についての説明は、あまり必要ないでしょう。

要するに、Ｄｏの期間から検証の準備は始まっていて、事実を集める作業でもあるのです。「事実」というのが大事です。現場の真実をつかんでいないと、「きっとこんなことが原因だ」「いや、あれが原因だ」「誰々が悪いのだ」「このような環境が左右しているに違いない」など、さまざまな「推測」「憶測」が顔を出します。多くの場合、「憶測」は先入観や個人的な偏見を多く含むものです。

よって、上手にＣｈｅｃｋするには、「それは憶測なのか事実なのか」に敏感になることです。「事実」とは、そのような判断の邪魔になるものを排除した「客観的なデータ」と言えます。このような情報収集の態度を「ファクト・オリエンテッド（事実至上主義）」と言います。

そのようなデータを集めながら、「なぜだ」「これはどういう意味だ」「だから何なのだ」と「Why so?（なぜ、そうなのだ?）」と「So what?（だから、何なのだ?）」を循環的に自問自答しながら検証を進めます。

最終的には「なぜ、このような結果になったのか」への回答が、「必勝パターン」です。

これが、あなたのノウハウになります。

■PDCAをCAPDで実行してみる

ここまで書いてきて思うのは、PDCAとは言うものの、実際の仕事は、CAPDの順序で進むということです。つまり、「実験志向」のアプローチで、まずは「現場の問題は何か」をチェックすることからサイクルを回すのが現実的です。コンサルタントが最初に行なうのは、「課題の定義」です。今何が問題なのか、課題は何かを明確にして、その解決策(仮説)を小さく試すことをします。ときには、調査などで顧客にアンケートや専門的なリサーチを行ないます。

その結果を見ながら、「では、この施策でいきましょう」となることもあれば、「ここは、このように直しましょう」と再検討することもあります。これが「計画」の部分です。そして、後は決めたことをきちんと実施するのです。

PDCAをさらに一歩進めて、CAPDの流れで、今あなたが直面している仕事を再構築してみてください。それによって、コンサルタントに向けてさらに一歩前進することができます。

■組織を巻き込む

さて、最後のＡｃｔｉｏｎ（再実行）では、検証ずみの必勝パターンを横展開することになります。この時点での新たな学び・経験は、「組織を巻き込む」ことでしょう。これまで自分一人で粛々と検証してきたことを、「こうすれば、今の現場の課題を解決できます」と、会社や上司に提案し、正式なプロジェクトとして認めてもらうプロセスです。

このとき、「企画書を作る能力」が問われます。当然、コンサルタントにとっても重要な能力です。ＡＧＦのコーヒーマーケティング部で働いていたときに、上司だった広原規之課長（現・常務）から言われてハッとした言葉があります。「上司を説得できない者が、顧客や消費者を説得できるわけがない」。たしかにその通りで、「承認される企画書づくり」とは、コミュニケーション力を高める訓練でもあります。

会社への提案内容はＰＤＣＡサイクルを通じて、すでに実証ずみのＰｌａｎでもあります。実際にどのようなことを実施して、どのような結果が出たか、「ファクト・オリエンテッド」の企画書を用意するといいでしょう。実績ベースでの企画書は、プレゼンではそうではないものに比べて迫力のあるものになります。

■横展開をしたら全力で成功させること

それでも、企画書が一発で通ることはないかもしれません。しかし、これも想定内です。企画に対する上司の意見や反論は、コミュニケーション力を磨かせてもらえるチャンスです。どんな人でもそうですが、何の苦労もなく大きな仕事をした人はいないのです。とくに組織の中で働くのであれば、そのような経験は非常に貴重です。若い頃に経験できてしまえば最高です。

そして最終的に、「ではやってみなさい」と承認がおりたら、死に物狂いで成功させてほしいのです。何が何でもやり切ること、徹底的に企画に張りついて成功を取りにいくことが大事です。チャンスをものにする人は、このような「追い込む時期」を外しません。

私が初めて外資に転職したとき（29歳）、同じように外資系を渡り歩いていた先輩マーケターから言われたことがあります。

「外資系では、入社して最初の3ヶ月が勝負です。3ヶ月以内に何らかの結果を出すことができれば、あなたは今後、仕事がやりやすくなります。あなたのやることは〝信じてもいい〟と思ってもらえます。しかし、もし3ヶ月経ってもさしたる結果が出てこなければ、あなたの評価は、よくて〝普通〟、下手をすると〝普通以下〟、または〝期待以下〟となります」と。

外資に転職することは、基本的に「何かの分野でプロ・レベルの実績とスキルを持っている」ことが大前提になります。プロの世界では、3ヶ月でPDCAを回さなければなりません。実際には大変なことも多いものです。しかし、ここで私がもらった外資の先輩のアドバイスを、あなた自身の達成基準にしてみてはどうかと思います。そのようなスピード感と取り組み姿勢は、必ず見ている人がいるものだし、それに邁進するあなたは近い将来、もっと大きな仕事を任されるようになると思います。

■何より嫌だったのは苦手なバイヤーとの商談

これまで、PDCAの重要性をお話ししてきました。ぜひ、こころがけて取り組んでいただきたいと思います。コンサルタントは日々、このようなサイクルを回しながらクライアントの課題に取り組んでいます。

さて、実際の仕事の中ではPDCAは基本セオリーですが、日常業務の中では、ロジカルでシステマティックな方法論ばかりでは素通りできないことも出てくるはずです。とくに、社会人1年目で現場に配属されたような立場ならなおさらでしょう。職場の人間関係での悩みや、仕事そのものが不本意で面白くなく、前向きになれないこともあるに違いありません。そういうことも、通過儀礼として経験しなければならないこともあります。切実なことでもあるのでお話ししましょう。

実は、私自身もそうでした。再びAGFで営業マンだった頃の話です。実験店舗でのPOS分析や得意先との会話は楽しいものでしたが、そうでない仕事も当然ありました。常に冷静にPDCAを回せたわけではなく、それどころか、仕事そのものから逃避したくなることもありました。

大阪での営業マン時代、何より嫌だったのは、苦手なバイヤーとの商談でした。あるスーパーのバイヤーが、とくに苦手でした。まずこの人は、「買い手のほうが売り手よりも偉い」と勘違いしているタイプで、とくに交渉の場面では、「メーカーの営業マンはいじめてなんぼ」というような人でした。

正直、こんなひどい発想の人を初めて見ました。見た目も怖かったものです。年齢は40代後半。でっぷり太って、パンチパーマは伸び放題。酔ったような目つきの悪い人でした。そして私が商談に行くと、「また来たんか」というようなことを言い、新人いびりを始めます。他社の営業マンも、そんな私を「かわいそうやなぁ」と哀れんでくれるのですが、彼らも商売があるのでバイヤーに同調するような雰囲気でした。

■「お前、それは現実逃避やで」

おそらく、これが私のキャリア人生での最初の試練でした。そして、克服しなければならない通過儀礼だったと思いますが、当時の私はそんな考えには至りません。私は、そのバイヤーを避けるようになりました。商談に行っても、どうせ買ってなどくれません。商談の日は「行ってきます」とオフィスを出ると、そのまま別の得意先に行くことにしました。こんなバイヤーですから、ＰＯＳを使った商談だとか、ＰＤＣＡどころではありません。

オフィスの近所に居酒屋がありました。うだつの上がらないサラリーマンのたまり場のような居酒屋でした。その名も「はぐるま」。もう、笑っちゃうような絶妙のネーミングでした。そこで同期入社の仲間と飲んでいました。私はよく、そのバイヤーのことをグチグチ言っていました。あるとき、いつもは話を聞いてくれていた同期の松井洋君がこう言いました。

「お前、それは現実逃避やで」と。きっと聞いていて堪りかねたのでしょう。そして、こう諭されました。「水野君、僕ら新人で、まだちゃんと仕事してへん。僕もいろいろあるけど、今は仕方ないと思うて、京都の得意先に夜9時にギフトの陳列に行ってる。担当者から呼び出されれば、行かなあかん。でも、いつかあの担当者に〝ありがとう〟と言わせようと思うてるよ」と。

私は、率直に言ってくれたその言葉にちょっとした衝撃を受けました。同期(友だち)とはありがたいものです。「そうか、松井君は頑張っているな」。彼が輝いて見えました。そして、自分が情けなく思えました。嫌なことから目をそらしている自分。「本当にそんな自分でいいのか」と内なる声が聞こえました。どういうわけか、ここでエンジンがかかりました。「僕も、あの感じの悪いバイヤーを攻略しよう」と思ったのです。そうしなければ、逃避の人生になると思いました。

「どうしたらいい?」と私は尋ねました。松井君は、いくつかアドバイスをくれました。まず、「慣れない大阪弁をやめろ」と言われました。「馴染もうとしているその態度が、バイヤーの感情を逆なでしている」と。そして、「東京の言葉も使うな。これもおそらく、そのバイヤーには逆効果や」。そして、こう言いました。「素の自分で行け。大阪人は東京の人間には厳しいが、地方出身者には優しいよ」と。私は岐阜の出身です。岐阜の言葉でしゃべるようにしました。「田舎っぽい、素の自分」です。松井君のアドバイスは的を射ていると思いました。これしかないと思いました。

■2泊3日のスキーツアー

私は松井君のアドバイスに従い、バイヤーのところに通うようにしました。あいかわらず買ってはくれませんでしたが、徐々に言葉を交わすようにはなりました。しかし、私が感じる基本的な不快さは何も変わりませんでした。あるとき、バイヤーが言いました。「今度、スキーツアーにみんな（メーカー各社のセールス）と行くが、ＡＧＦ（私）もどうや？」。

正直、絶対行きたくないと思いました。しかし、口では別の言葉を発していました。「ぜひ、参加させてください」と。これも、バイヤーとの距離が縮まってきた証拠だと思い込もうとしていました。１年目の営業マンで「このバイヤーを何とかしなければ、自分の人生は負けだ」と思っていた若い私は、「行きます」と言ってしまいました。「営業マンの仕事ってこういうこともある」と考えて、会社に帰ると上司に、「スキーツアーに参加させてくださ い」と言いました。そう言いながら、「俺は何をしているのか」と自分自身に呆れました。

上司は、「頑張っているな。では行ってきなさい」と言ってくれました。今の私なら、そして当時の私のような部下がいたら、「行く必要なし」と言うことでしょう。そもそも、こんな得意先は顧客などではなく、付き合いをしなくていいと言います。

そしてスキーツアー当日。今思い出しても、あれは地獄の2泊3日でした。まず私のスキーの腕前はパラレルがようやくできる程度の初心者並でした。一方のバイヤーは、意外にも学生の頃に国体にも出たことがあるほどの腕前でした。ゲレンデに出ると、早速リフトに乗って、山のてっぺんまで行きます。われわれメーカーの営業マン（8人ほどいました）も同じようにそこまで行きます。そして、それまで滑ったことのないような急斜面を滑って降りるわけです。本当に死ぬかと思いました。そんなことを1日中することになりました。

夜の部屋は、全員でひと部屋に泊まる修学旅行スタイルでした。私は極力、他人とは一緒の部屋に泊まりたくないタイプで、これも大きなストレスでした。しかもバイヤーを中心に賭け麻雀が始まりました。私は麻雀をやらないので見ているだけですが、これが夜中の3時くらいまで延々と続くのです。先に寝るわけにもいかず、ましてや、タバコと酒の臭いが充満するバカ騒ぎの中で、とても眠れるような環境ではありませんでした。一緒にやっていた他社の営業マンも辛そうでした。彼らが、体力の限界を感じるまで麻雀は続きました。私は朦朧とする意識の中で、ただ時間が早く過ぎることを願っていました。

そんなツアーが、2泊3日続きました。最終日の夕方、私たちは京都駅で解散となりました。2泊3日が1週間以上の長さに感じられました。自分はいったい、何を頑張っているのか。全身から疲れがどっと出ました。

問屋の営業マンとの同行営業

このツアーが終わり、日常に戻りました。私はスキーツアーを経て何かが変わることを期待していましたが、バイヤーのほうは何も変わりませんでした。彼は相変わらずで、本当に嫌でした。「もう無理だ」と心底思いました。

そんなとき、祭原という帳合《ちょうあい》（問屋）の営業マンが声をかけてくれました。彼も一緒にスキーツアーに参加した一人です。いつもはバイヤーと楽しそうに仕事をしていて、私には遠い存在でした。「ＡＧＦさん、一緒にお店を回りましょうか。バイヤーと商談していても買ってなどくれませんよ。それよりも各店舗の営業をしましょう。私も同行しますから」。スキーツアーを通じて、きっと私をかわいそうに思ったのでしょう。そのように申し出てくれました。

それからは、週に2日ほど、朝一番にその人の自宅に営業車で迎えに行って、1日、店舗商談に付き合ってもらいました。車内ではいろいろな裏話やご自身の仕事のことなども聞かせてくれました。「ここの店長はこうだから、このような商談をしましょう」「ここの担当者はこうだから、この時間に回りましょう」などといった情報です。徐々に私自身も、お店の事情がわかり、人間関係ができてきました。それまで見えていなかった、店舗での消費者の動きや店舗マネージャーの要望などが見えてくるようになりました。

もちろん、バイヤーとの商談も継続していました。商談でも、その方が助けてくれるようになりました。通常は、問屋の営業マンというのは、同席してもほとんどしゃべりません。私のようなメーカー営業マンが商談するのを隣で聞いているだけなのですが、その方は積極的にしゃべってくれました。

「水野さんと一緒に回りまして、こんなことが店舗で起きているのがわかりました」「水野さんがこんなことを提案して、結構売れていますよ」というような、私たち同行営業の様子を好意的に話してくれました。いつの間にか私の呼び方も「ＡＧＦさん」から「水野さん」に変わっていました。その営業マンはとてもよくしてくれました。今でも覚えているのは、「バイヤー、この人、結構、頑張ってはりますよ」と言ってくれたことでした。大変、うれしかったことを思い出します。

そのようなことが2ヶ月ほど続いた頃から、バイヤーの態度が変わってきました。以前のような感じの悪さはなくなりました。それどころか、だんだん親しげに話してくれるようになりました。そしてあるとき、こんなことを言われました。「ＡＧＦさん、今度、商品の見積もりを持ってきてくれるか」と。松井君に言われてから、半年ほど経っていました。私は新しい世界を見る思いでした。

■必死になってもがくことも通過儀礼ではないか

ここからの学びは何か？　人は誰でも、試練に直面することがあります。その場では逃げることもできますが、やがてどこかで、別の場面で同じような試練が再び現われます。おそらく、克服しなければならない「自分の弱み」や、さらに向上していくために「乗り越えなければならない壁」なのでしょう。

「壁」と思ってしまうのは、自分の中に経験値がないため、一見して乗り越えられないように思うからです。そんなときは、誰かに相談するかもしれないし、無理をするかもしれません。しかし、自分でやれることは全部やる。恥ずかしいとか、相手に失礼ではないか、などと躊躇している暇はありません。だいたいは、このあたりで解決できるでしょうが、それでも解決につながらないこともあります。スキーツアーが終わった後の私です。しかし、今思うと、これは問題解決のカラクリを知るための「きっかけ」ではなかったかと、ふりかえることができます。

あなたも、同じような経験をしたことがあるのではないでしょうか。「もう無理です。やれることは全部やりました」と、ただ一人、無力感に打ちひしがれて、ぐったりしてソファーに倒れこんだその瞬間に、どこからか連絡が入り、「まったく持っていないコネや筋」「思いもつかなかった手法」「正攻法の表ワザや、知恵を絞った裏ワザ」「探していたものとドンピシャの資料」などが誰かを通して与えられ、問題が解決される――。そんな体験が自分の血肉・経験・知恵となり、「壁のサイズが小さくなる」ようです。

■自分の限界を認めると解決策が降りてくる

そんなカラクリを知っていれば、何かあっても「壁」と思わなくなります。

やれることは全部やる。誰にも恥じないくらい、全力でやることはやった。それでもできなくて、「やることは全部やったけど無理でした」と、己の非力と知恵のなさを認めると、その瞬間に、必ず解決方法が与えられるようです。

問屋の営業マンの彼が声をかけてくれて、一緒に店回りをしてくれたこと、そしてバイヤーに私を売り込んでくれたことがそうです。つまり、自分の最善を尽くして、それでもなお

「できないことが目の前にある」のを認めることが大事なのです。

私は昔から、「やると決めたことは一所懸命にやる」くらいしか能がなく、ときには無駄な努力も多かったと思います。しかし、このケースからの学びは、自分の力を限界まで出し尽くしたら、「私にはできません」と自分の限界をあっさりと認め、自分の至らなさを理解することで、「自分の知らない手法」で問題が解決されるということです。

つまり、問題解決力のひとつは、「自分の微々たる限界を知ること」「自分の至らなさを理解すること」「自分は小さく無知なのだと認めること」ではないかと思います。そしてそのようにして壁を乗り越えると、次のステージが見えてきます。話を続けましょう。

■突然の辞令

ある日、直属の上司に呼ばれました。「水野君、異動や」。私は耳を疑いました。まだ大阪に来て11ヶ月です。配属されるときに人事から、「3年は営業をやることになる」と言われていました。それが11ヶ月で異動とは。

営業成績はよく言って普通でした。営業活動らしい活動もせず、ＰＯＳ分析だのプロモーションの企画だのばかりやっていたので、「あまりにも営業マンとしてダメだから、とうとうお払い箱かぁ」と思いました。「それにしても残念だなぁ」。ちょうどその頃、先ほどのバイヤーからも注文をもらえるようになっていました。

ところが課長はこう言ったのです。「本社の営業統轄室で今度、ＰＯＳデータを分析して営業に活かすプロジェクトが始まる。堀課長のところや。そこのスタッフに君が指名された」と。衝撃が走りました。営業に向かなくて左遷されるのとは違うニュアンスを感じました。

それどころか、平和堂さんの実験店舗でやっていたことを見てくれている人がいたことに感謝しました。ただひたすら感謝でした。同時に、試練（例のバイヤーのこと）をひとつ乗り越えたことで次のステージに導かれたのだと思いました。

3章

専門分野を確立する

まずはスペシャリストを目指せ

コンサルタントは、何かの分野の専門家です。専門家というのは「この分野のことなら何でもわかる人」です。私たちはそのような分野、他の追随を許さない分野を持たなければなりません。コンサルタント的発想の二つ目のテーマは、「絶対的な専門性」です。

専門家と言うと、よく「ゼネラリスト」と「スペシャリスト（専門家）」という対比で説明されます。ゼネラリストとは、経営全般のことがわかっている人。そしてスペシャリストとはある分野にはくわしいが、それ以外のことはよくわかっていないイメージがあるかもしれません。

理想的には、コンサルタントもゼネラリストであるといいのです。「社長を育てる前提でのゼネラリスト育成」と同じスキームで教育を受けたコンサルタントは、非常に大きな価値を発揮するでしょう。これは非常に長時間、ひょっとするとその人材のキャリア人生そのものを使うプロセスでもあります。まさに社長を育てるのと同じです。

その多くは座学ではなく、たとえば子会社の社長などを経験させて、実際の「切った張った」のビジネスの中で成果を出すことで鍛えていくやり方です。

そのような経験が積める「将来の経営幹部・社長候補」は多くはいません。興味深いのは、そのような経験を積める人材はゼネラリストの素養を持つ以前に、間違いなく「何らかの専門分野を持つスペシャリスト」として実績を残していることです。ゼネラリストになるのは、スペシャリストになった後に挑戦する課題です。

つまり、ゼネラリストを育成する「順番」があるのです。まずは、スペシャリストを目指す。そしてその分野を極めたら、その周辺分野に職種領域を拡大する。それを繰り返すうちに、最終的にゼネラリスト（ゼネラル・マネージャー）になるというステップ論です。よって、私の定義では真のゼネラリストとは、「スペシャリスト的ゼネラリスト」であって、専門分野も持たずにゼネラリストになることはあり得ないのです。

これが社長になるような人が歩むキャリアパスです。社長にもなれるレベルの経営手腕を持っていれば、コンサルタントとしても申し分ありません。非常に好ましい理想形だと思います。そのようなキャリアパスを積んだプロ経営者のコンサルタントも、実際に存在します。

一方で、コンサルタントを目指す人に、そのレベルを求めてしまうのは「過剰」だとも思えます。ここに「専門家」としての立ち位置を見出します。コンサルタントになることを前提にキャリアパスを組むのならば、私はゼネラリスト（最終形）である必要はないと思います。あまりにも狭すぎる分野のスペシャリストでは困るかもしれませんが、経営に関してはどの分野であれ、だいたいのことがわかるスペシャリストであればいいのではないかと思います。これを、「ゼネラリスト的スペシャリスト」と定義してもいいでしょう。

繰り返しになりますが、ＰＤＣＡを身につけた後にくる課題はこれでしょう。仮にも、5年から10年でコンサルタントになるのであれば、できるだけ早く専門分野を「決めて」、そして「集中的に取り組む」ことが必要でしょう。

■自分の得意技を決める

コンサルタントとして独立する気持ちがある人でも、ごくたまに「得意なこと」「強み」で悩む人がいます。しかし、自分の得意なことは「自分で意志を持って決めればいい」と、私は考えています。あえて言えば「好きこそものの上手なれ」で、好きなことを得意なこと（専門分野）にしてしまうのはいい手です。好きなことでなければ続きません。専門家になるには、地道な努力と継続が必要です。続けられることを選ぶべきなのです。

自分に何ができるか、何が求められているかなどはどうでもいいのです。「自分はこの仕事が好き」「この分野が好き」と決めれば、それだけのことです。

再び私のAGFでの話ですが、大阪支店にいた頃のPOS分析もそうでした。当時、POS分析など誰も真面目に取り組もうとしていませんでした。

そんなときに私は、「ただ何となく、これがマーケティングっぽくて好きだ」と思っていました。「これからこういう営業スタイルが大事になる」とか、先見性があったわけでもないし、後に異動になった本社でそのようなプロジェクトがあることも知りませんでした。

不思議なもので、自分が「これ」と決めて取り組むと、世の中がそれに同調し始めるような気がしています。正確には、世の中の「同じような嗜好性を持つ人が目に入るようになる」のです。「仲間」ができる感覚でしょうか。話は、大阪時代から10年ほど後になりますが、私が『ブランド・マネージャー』という本を出したときもそうでした。

当時、アマゾンの書評では、「ブランド・マネージャーなんてニッチな職業について書いた本を誰が読むのか」と言われました。しかしその数年後、ブランディングは企業の重要な戦略となり、やがて（財）ブランド・マネージャー認定協会などという団体までできるようになりました。

つまり、誰も気にしないような仕事や特殊な分野でも、自分で「これが好き」と決めて研究し始めると、やがて好きなことが仕事になっていくようです。当時の私は、まだ専門家ではなかったですが、いつの間にか、「POS分析という得体のしれないものに趣味を持つ、古い営業スタイルにまったく馴染んでいない若者」と映っていったようです。そして、そのようなところからチャンスが生まれるようです。

■「量」をこなすことが「質」の向上につながる

私が「専門家」という言葉を聞いてイメージすること、そして入社2年目、3年目の人たちにアドバイスすることは「量をこなせ」ということです。もう、これしかないと思います。専門的な勉強をするのは当然です。理論を学ぶため、専門書はどんどん読んでください。ビジネス誌もいい勉強になります。ビジネス誌には専門分野の事例、ケース・スタディが記事として出ています。それらは、教科書にはない情報鮮度と多角的で具体的な話題が多く、すぐに実務の役に立つ勉強になります。まるで、頭の中に事例集を作るようなもので、

「他人の経験」を疑似体験することでもあるのです。そのような勉強を業務時間外、たとえば通勤電車の中などでしながら、業務時間は徹底的に仕事の量をこなすことが決定的に重要です。

量をこなすことに関連して、よくコピーライターの世界で言われることがあります。「1本につき300くらいのコピーをひたすら書き出せ」です。つまり、それくらいの量をこなすことで非常によいコピー（質が高いもの）が生まれると言われています。私はこの考えに賛成です。そして、短期間に専門家になるのも同じ原理です。圧倒的な量をこなすと、質がぐんぐん高まる（成長する、スキルが身につく）のです。

人は誰でも「寝食を忘れて仕事に没頭する」時期があると思います。その時期は、本当に仕事一筋です。食べたり寝たりする時間がもったいないというか、それに興味がないほど仕事に打ち込む時期です。これが、プロとしてやっていくための通過儀礼です。試練を乗り越える他に、このような通過儀礼もあるのです。私にも、そのような時期が何度かありました。

再び、ＡＧＦ時代の話を紹介しましょう。

本物のプロたちの中に入ってしまった

東京・品川にあるスフィアタワー天王洲。大阪から本社に着任した朝、緊張気味の私を堀比寿課長が迎えてくれました。「おお、元気か！」。いつもそうですが、堀さんはいつ会っても元気一杯です。そしていつも優しいのです。その日も、本社の各部署への着任の挨拶に一緒に回ってくださいました。

社長にも挨拶に行きました。23階の役員室のならび、東京湾が一望できて、一番広い部屋が社長室です。秘書の方が通してくださいました。

そこでの開口一番、当時の松村忠雄社長にこう言われました。「堀君、こんな若いので大丈夫なのか？」「はい、大丈夫です」と堀さんは言ってくれましたが、私は「本当に僕で大丈夫だろうか」と思いました。

今回のプロジェクトは、営業戦略の根幹に関わるものだと、そのときに初めて知りました。POS分析だけではありません。顧客との戦略的同盟をどう推進するか、その中でPOSデータという情報共有のパートを私が担当するというのです。正確には、「カテゴリーマネジメント」という業務を担当するのでした。それなのに「大丈夫なのか?」と社長が怒っているように見えました。

たしかに、プロジェクトに関わる部署の人たちを見ると、みんな私よりもずっと年上で、少なくとも全員エース級の本物、プロの営業マンやマーケターたちでした。正直、「とんでもないところに来てしまった」と、思わずつぶやきました。

■得意先で営業所長に恥をかかせてしまった

私の初仕事は、埼玉の、あるスーパー本部との来社商談でした。そこのスーパーはAGFとカテゴリーマネジメントの取組みをしていて、私は大宮の営業所長や営業マンと一緒にPOS分析と売場提案をすることになっていました。

私は、2週間も前から得意先のPOS実績を渡されていました。そしてよい分析をしようと思ったのですが、なかなか仕事が進まない現状がありました。その理由は、「あまりにも膨大すぎる資料」でした。

チェーン全体（数十店舗分）の数字を前に、私は途方にくれました。大阪時代の実験店舗とはわけが違いました。数十店舗の300アイテム以上の数字が月別に1年分表示されていました。

今から思うと、上司に相談すればよかったと思います。しかし、「これは自分に与えられた仕事だ」という意識が強くて、なかなか相談できない「意地を張っている自分」がいました。そして、どんどん提案の日が近づいてきました。

提案日当日。私は早朝から暗い気持ちで大宮営業所に行きました。今日は得意先に来てもらう来社商談です。営業所長が、得意先のバイヤーに私を紹介してくれました。「本社からPOS分析のスタッフが来ています」と。そして私のプレゼンが始まったのです。私はおずおずと、分析したものを説明し始めました。そして、提言をする段階で止まりました。「ここから先はまだできていないのです。すみません」。

営業所長は慌てました。「来社商談なのに（せっかく来社してもらったのに）肝心の提案内容ができていないとはどういうことだ?」。私は、2週間のことを説明することもできず、ただ「すみません。間に合いませんでした」とだけ言いました。得意先のバイヤーは、そんな私に怒るでもなく、「まあ、気にしないでください」とむしろかばってくれました。私、そして営業所長と営業マンは平謝りです。私は、どうしようもないほど、無力感と自己嫌悪にさいなまれました。

■ある営業マンのひと言に勇気づけられた

会社に帰ると、堀さんに叱られました。「やはり、私のような現場をきちんとやっていない人間がこのような仕事をするのは難しいのではないか」と思いました。しかし、堀さんは次のように言いました。「水野、今の自分の実力がどういうものかよくわかったな。これでもっと頑張れるな。いいスタートを切ったと思って、もっと経験を積めよ」と。おそらく堀さんはその後、上司に叱られ、営業所長にも謝っていたと思います。

私は、落ち込んでいる暇はないことを知りました。それからは本当に、POS分析一色の生活でした。上司や営業マンにも、教えを請いながら業務を進めました。本社スタッフだとか、専任スタッフだという見栄も外聞もありません。とにかく、わからないことは「すぐに聞く」を徹底しました。

五反田の（財）流通経済研究所にも頻繁に立ち寄るようになりました。ここは大学時代の恩師の研究機関でした。そして何より、POS分析の前に、売場を見ることをこころがけました。

それによって分析の着眼点を定めることができて、分析そのものも的を射たものになることを実感しました。

営業マンは当時、250人いました。毎日、毎日、本当に毎日、全国の営業マンが得意先からもらってくるPOSデータを分析して提案書を作り、営業マンと一緒に全国のスーパーマーケットの本部に商談同行して、分析結果と提言の説明をしました。

あるとき、東京支店の営業マンから、サミット（スーパーマーケット）のPOS分析を至急してほしいと連絡があり、時間もなかったので支店に出かけたことがあります。営業マンと営業企画課のスタッフがPOSデータをおもむろに見せてくれました。私はざっとデータを眺めると、「ここはこういう傾向があるので、このような品揃えにすると利益が改善しますよ」というようなことを即興で分析・提言しました。すると、「すごい。やっぱりプロは違うね！　ひと目でどうしてわかっちゃうの!?」と思いのほか喜んでくれました。

「やっぱりプロは違うね」――当時の私が最も勇気づけられた言葉でした。社長から「こんなヤツで大丈夫か」と言われ、部署の中でも営業経験1年未満の若輩で、埼玉での初仕事はボロボロで、実は自分自身にまったく自信がなくやっていました。そんな状態だったので、この言葉にずいぶん慰められました。

それからの私は、自分の仕事にプロ意識と自信を持って取り組めるようになりました。文字通り、「POS分析の専門家」でした。着任から9ヶ月が経っていました。事実、私はPOSデータを完全に使いこなせるようになっていたと思います。問違いなく、社内で一番、POS分析をした人間だったはずです。今思い出してみても、この時期は本当に「データを加工する」「数字に明るくなる」「分析に強くなる」ということを徹底的にやり抜きました。

おかげで、「数字やデータの嘘」「読み間違えの落とし穴」も見抜けるようになりました。今でも私は、調査データや数字を独特な見方で解析します。眺めていれば、だいたいのことがわかります。この頃の経験が生きているのです。

■ポジティブな誤解によるセルフ・イメージの書き換え

この事例から学べることは何か？　専門家への道を加速的に進む瞬間は、周囲からの「承認」が得られたときだと思うのです。人から、「すごいね」などと言われるようになると、私などは「豚もおだてりゃ何とか」で、すぐに「木に登る」傾向があり、そのまま、さらに量をこなすことに邁進しました。

普通は、それほど単純ではないかもしれませんが、これが一人だけでなく、複数の人が「すごいね」と言ってくれるようになると、本人も「きっとそうなのだろう」と思い込みます。私はこれを「ポジティブな誤解」と呼んでいます。本当はそうではないかもしれないけれど、専門家になれたような気がするのです。要は、セルフ・イメージが書き換えられる瞬間です。

他人からの承認には、そういう力があります。認められて本人はうれしいので、もっと認められたいと思い、仕事をどんどん引き受ける循環が始まります。承認が「量をこなす」コツですから、他人から褒められたときは素直に聞くといいのです。

後々、部下を持つようになって、私はたびたびポジティブな誤解を意図的に部下に与えました。それによって、比較的短期間に部下をプロに変身させてきたと自負しています。セルフ・イメージというのは本当に決定的で、それによって本人の能力とは別に、仕事のクオリティが大きく変わります。極論をするなら、能力を上げるよりもセルフ・イメージを上げるほうが、仕事のアウトプットはよくなるかもしれません。

■「らしく」振る舞う価値

承認によって仕事量が増えると、やがて無意識に「専門家らしく振る舞う」ようになります。これが、量をこなす二つ目のコツです。コツなので、意識的に「らしく」振る舞うのもいいでしょう。コンサルタントを目指していた私にとって幸いだったのは、営業統轄室でのPOS分析や全国の得意先への商談同行が、コンサルティングの顧問先を訪問するような活動だったことです。

今思うと、これが私のコンサル原体験です。もちろん、私は「コンサルタント」の肩書は持っていませんでしたが、得意先もAGF社内の営業マンも、私をそのように見てくれていました。

不思議なもので、そのような意識を持って振る舞うと、ポジティブな誤解がさらに加速します。行動をそれらしくすることが、自分自身のセルフ・イメージを変えていく近道でもあります。まるで自分の意識を訓練するようでした。実際には「訓練と思わず訓練する」感覚です。そして、それが日常になってしまえば、訓練は訓練でなくなります。

コンサルタント的な仕事の仕方をしてみる

せっかくなら、今の仕事で「コンサルタント的な仕事」を始めてみてはどうでしょう。もちろん、量をこなすことにも役立ちます。どのような仕事でも可能です。なぜならば、仕事とは基本的に「問題解決」のプロセスで、コンサルの仕事と何ら変わることはないからです。もし部下が困っているなら、コンサルタントになったつもりでアドバイスしてみてはどうでしょうか。

もしあなたが営業マンなら、「いかに売るか」を考えるのではなく、「いかに得意先に儲けさせるか」を考えるのです。それも彼らの立場で。これがコンサル的な動き方というものです。「らしく」振る舞うことで、コンサルタントへの道がさらに一歩前進します。

これもやはり訓練です。自分の意識を、意図的に引き上げていくのです。コンサルタントを目指すのであれば、今の仕事の中で早くコンサル的な働き方を始めることです。自分のセルフ・イメージを変えていくこと。ポジティブな誤解を自分自身にさせることで、現実がどんどん希望通りになっていきます。どのような仕事でも実施可能です。

■専門の周辺分野へ職域を拡大したい

大阪での営業を約1年、本社でのPOS分析スタッフを約2年。学生の頃に織田先生に言われた、「最低でも3年は、事業会社で経験を積みなさい」は、すでに終了していました。もしその言葉通りであれば、この時点でAGFを退職してコンサル会社に転職することも可能でした。しかし、私はそうはしませんでした。もっと他に、やりたいことが見えてきたのです。「もっと幅広く、マーケティング実務を経験したい」というニーズです。社内のマーケターを見ていれば、当然のなりゆきだったと思います。AGFはマーケティングに強い会社で、多くの先輩マーケターが活躍していました。

特徴的だったのが「ブランド・マーケティング」でした。最近では「ブランディング」と言いますが、当時はそういう言葉はありませんでした。私がPOS分析をしている隣には、コーヒーマーケティング部という部署があり、戦略立案から製品開発、広告クリエイティブ、消費者向けの販促プロモーションなど、ブランド・マーケティングに関するすべての業務をやっていました。しかも、完全なブランド別の縦割り組織でした。

ブレンディ、マキシム、マリームなど、それぞれのブランドには「ブランド・マネージャー」が付き、あたかもひとつのブランドを〝ひとつの会社〟に見立てて事業戦略を作るのです。面白いもので、たとえばブレンディとマキシムのブランド・マネージャーは、同じ会社の同僚（仲間）ですが、競合関係にもあります。まるで、コカ・コーラとペプシが同じ会社の傘下にあるようなものです。お互いがお互いのよき刺激剤として切磋琢磨すれば、それぞれが強いブランドになる、またはＡＧＦ全体としてシェアが伸びるという発想です。

私はＰＯＳ分析という「マーケティングの小さなモザイク」では飽き足らないと考えていました。どうせＡＧＦに入ったのなら、「ブランド」について、もっと学ぶべきだと思いました。つまり、自分の専門分野をもっと広く定義し、その経験を積むまでは辞めることはできないと思いました。

私は日常業務をこなしながら、業務時間外にブランド・マーケティングの勉強を始めました。

意外なところに異動の転機があった

異動のきっかけは意外なところにありました。ＰＯＳ分析・提言の仕事が忙しくなるにつれて、堀さんから「営業マン一人ひとりが、自分でＰＯＳデータを分析できるようなソフトを作りなさい」と言われました。当時、ＰＯＳ分析のソフトは市販のものがすでにありました。ＡＧＦでもそれを買っていましたが、数字の打ち込みや商品アイテム登録などメンテナンスのたいへんさから、実際には使いこなせていないという現状がありました。そこで「もっと実際に使えるソフトを開発できないか」と言われたのです。

私は、システム部の担当者と相談しながら、ごく簡易的なプログラムを社内で作ってみました。大層なものではないのです。日頃、私が分析するときに使う「いくつかの情報」をインプットすると、簡単な相関分析や利益分析ができるものでした。

そして、それを営業支店に紹介すると、一部の営業マンが使い始めました。しかしほんの一部、とくに感度の高い営業マンしか使っていませんでした。そこで堀さんから、「もっとソフトに興味を持ってもらえるようなことをしてはどうか」と言われ、私は広告の意味も込めて社内報にソフトの紹介をしました。「こんなソフトを作りました」「このような分析が簡単にできます」「得意先に喜ばれます」といった内容でした。

これが、私の異動の転機になりました。社内報を見たマーケティング部長が、「営業統轄室に面白いやつがいる」ということで声をかけてくれたのです。こうして私は、いつか行きたいと思っていたコーヒーマーケティング部に異動することになりました。

ここに私は、自分の専門性を関連分野に広げていくコツを見ます。それは自分の専門性や実績について社内で何らかの発表をしていくことです。私の場合は、「社内報」でした。これは稀なアプローチだと思います。もっと一般的には、「成功事例発表会」だとか「社内勉強会」などでしょう。あなたはそこで、自分の考えや体験談を社内で発表するチャンスがあります。それを見た誰か（おそらく関連分野の他部署のマネージャー）が「あなたをほしい」と言ってくれます。その結果、新しい仕事が広がります。

もどかしいステージ

さて、コーヒーマーケティング部に来て、私の仕事は完全にシャッフル（仕切り直し）されることになりました。分析や提案などの業務に留まらない「経営の仕事」に変わったからです。最初の本格的な仕事は、マキシム・ワールドカフェテリアというインスタント・カプチーノでした。当時、私はマキシム・グループのアシスタント・マネージャーとして、マキシム・ブランドをサポートする立場でした。その一環として、サブ・ブランドのマキシム・ワールドカフェテリアの開発とマーケティングをやることになったのです。

この製品は、コーヒーと砂糖、泡立ちクリーミングパウダーがパウチ個包装されていて、お湯を注ぐと、ふんわり泡立つカプチーノが楽しめるのです。今では一般的になったスティックタイプのインスタントコーヒーですが、当時はそのようなものはなく、一種のブームが起きていました。しかし、そのブームもわずか1年で終息を迎え、そこに登場したのが私でした。昨年度のブーム時の売上げをベースに予算を組んでいたため、とうてい達成不可能な目標になっていました。私の仕事はそれを何とかすることでした。または、そのような状況から再びワールドカフェテリアを再浮上させることでした。

当時の私は、「マーケターとしてはもどかしいステージ」にいたと思います。ブランドを何とかしたいという情熱はある。しかし、そのためのスキルも知恵もない状態です。それまで製品開発の経験もなければ、ブランドのマーケティング・プランを立案、実行したこともありません。悲しいことに、人間とは新しい環境で新しい問題に直面すると、自分に理解可能な範囲内で解決を図ろうとするものです。私は、日本全国のPOSデータを分析してきた知見から、ワールドカフェテリアは「価格が高い」傾向があることを知っていました。そして過去の経験から、値下げをするとポンッと売上げが上がることを知っていました。解決策はひとつ。「値下げをすれば売れる」が私の仮説でした。

■現在の自分の限界をいろいろと思い知る日々だった

そんな私の提案を見て、マーケティング部長がこう言いました。「値下げしなければ売れないような商品なら、俺はやりたくない。もっとブランドの価値にフォーカスした戦略を組め」。当然の指摘でした。しかし私は、「ブランドの価値?」というような状態でした。正直、私はその意味がわかっていなかったと思います。ブランドの価値とは、「消費者がお金を払ってもよいと思えること」です。

要は、消費者のほしいものを明確にして、それをきちんと伝えることが、「ブランドの価値にフォーカスした戦略」となります。しかし、当時の私は「価値」という言葉は知っていても、その意味を把握していなかったのです。

それまで、流通向けにカテゴリーマネジメントやPOS分析を通じて、消費者志向のマーケティングをやっているつもりではいました。しかし、そのようなものはしょせん、消費者の求める価値について考えるほどの仕事ではありませんでした。自分自身の限界、視野の狭さ、経験のなさや浅薄さ、そのようなものを日々、目の当たりにする思いでした。

私は必死に勉強もし、見様見真似で実務としてのマーケティングを覚えていきました。当時は文字通り、「右も左もわからない」状態での七転八倒です。ブランディングのことなど、机上の空論としてしか理解していませんでした。

そのような状態で、上司であるマーケティング・マネージャーと延々と議論し、その上の上司であるマーケティング部長からしかられ、広告代理店に教育してもらい、営業からボロクソに言われ……とにかくたいへんでした。

貪欲に自分の殻を破ってみてはどうか

再び、あらたな通過儀礼だったと思います。そしてひと皮むけるチャンスでした。この頃の「まったくもって実力の伴わない時期」があったおかげで、私はそれまでのＰＯＳ分析の専門家という殻を破ることができたと思います。

正直に告白すると、営業統轄室時代、コーヒーマーケティング部の先輩たちにも、ＰＯＳ分析の調査資料や分析結果などをお渡ししていました。私が「教える立場」だったこともあり、驕った気持ちもありました。しかし、そのままだったら私は、傲慢で低いレベルで留まっていたと思います。

私は、ただコンサルタントになるだけなら、ＰＯＳ分析の専門家として本格的にコンサルティング業界に転職することもできたと思います。人によっては、そのような道を取るかもしれません。しかし、私はそのような気にはまったくなれないどころか、自分のレベルの低さを嘆いていました。文字通り、「情熱はあっても知恵のない状態」にイライラしていました。

そして、自分がそれまで築いた仕事の価値体系を、一刻も早く再構築したかったのです。ＰＯＳ分析などという、些末でニッチな分野でちやほやされる（それも社内で）よりも、本物のマーケターが志向する、ブランド価値を構築するプロになりたかったのです。

そのような気づきをもらえたのは、やはり優れた上司や先輩、仕事を助けてくれた外部の専門家の方々のおかげです。その人たちを鏡にしながら、私はカッコ悪い自分自身を映し出していました。そして、「何としてもその人たちのレベルに到達したい」と願っていました。コンサルタントとは多かれ少なかれ、そのような無我夢中の時期を経てなるものだと思います。私もそうです。私の無我夢中はさらに続きました。お話ししましょう。

■値下げにつぐ値下げ。そして撤退

ワールドカフェテリアを売るために、最終的に私が選んだ戦略は「値下げ」でした。これを戦略と呼んでいいかどうかははなはだ疑問ですが、私にはその道しかないように思われました。巨額な売上予算を、何とかしなくてはならない。それに加えて巨額の製品在庫。そして今後、製品化される予定で買われた巨額の包材在庫がありました。前年度の売上実績に基づいて在庫計画が組まれていて、包材はすでに購買を終わっていました。それをなくすには値下げしかないと、当時の私は考えました。２９８円だった商品はすぐに１９８円になり、やがて２個で３００円というところまで落ちました。

そのように値下げをしてはみたものの、すでに消費者の需要はそこにはなく、無残な結果になりました。そして結局、売上げが立たないまま損益分岐点が水面下に落ちてしまい、こらえきれなくなって市場から撤退する事態となったのです。

私は、価格訴求の不毛さを学びました。「そもそも、ほしくないものをどれだけ安くしたところで、買われることはないのだ」「お値打ちとは、価値のあるものにだけ通用する概念なのだ」「安さを訴求するのは愚の骨頂。需要を喚起する施策を考えることこそがマーケティング」――このようなことを学びました。

すべて、言葉としては知っていたことでした。しかし、それを経験と実感を持って知ることができました。いずれにしても、私の最初のブランド担当としての仕事は敗北に終わりました。「マーケに来て早々、もう僕も終わりかもしれないな」、そう思い、覚悟しました。

ブランド・マネージャーの師匠

マキシム・ワールドカフェテリアの撤退後、まだ私はコーヒーマーケティング部にいました。それどころか、ブランド・マネージャーとして、別ブランドを任されることになりました。その経緯はよくわかりません。しかし、私はラッキーでした。その担当製品はプレミアム・インスタントコーヒーでした。プレミアム・インスタントコーヒーは私にとって、今後、ブランド・マネージャーとしてやっていけるかどうかの試金石だったと思います。

ワールドカフェテリアはある意味、マイナスからの仕事でした。しかし、プレミアム・インスタントコーヒーは低迷はしていましたが、巨額の在庫も売上予算もありません。会社は、私にフェアな状態の仕事を与え、私がどの程度できるかを見ていたのだと思います。そこでの上司は広原規之課長。現在、ＡＧＦの常務取締役です。僭越ながら典型的なブランド・マネージャータイプの方で、私にブランド・マネージャーとしての基礎も応用も叩き込んでくださった師匠です。天才肌のマーケターで、今でもまったく頭が上がりません。

実は、プレミアム・インスタントコーヒーというカテゴリーそのものを作ったのが、広原さんでした。その当時、広原さんはまだ20代後半だったと思います。炭焼珈琲というブランドを開発・導入して成功させました。これがプレミアム・インスタントコーヒーの最初のブランドです。私が部下になった当時、広原さんはフランスから帰って来て2年目でした。社内留学制度でフランスの兄弟会社、ヤコブス・スシャールにマーケティング留学していたのです。「俺が、プレミアム・インスタントコーヒーをやるなんて懐かしいよ」と言われました。

プレミアム・インスタントコーヒーは広原さんの後、売上げが急激に落ちていました。その原因は、インスタントコーヒーの価格競争の激化です。当時、スーパーマーケットでは特売の目玉商品として、大瓶に入った有名ブランドのインスタントコーヒー（ネスカフェやブレンディ）を安く売るのが常套手段でした。そのような中で、プレミアム・インスタントコーヒーは特売にかけるような商材でもなく、営業マンの売る意識も低く、細々と棚で埃をかぶっているような商材でした。私が仰せつかったのは、このブランドの立て直しです。

私は、プレミアム・インスタントコーヒーのコンセプトを「こだわりコーヒー」としました。メジャーブランドとはちょっと違う、こだわったコーヒーです。だから、プレミアムなのだというロジックでした。広原さんは言いました。「こだわりって何だ?」と。私はどきっとしました。「こだわりはこだわりです。他のコーヒーよりもこだわっているのです」「何にこだわっているの?」「えーと、たとえば炭火でローストした豆を使うとか、それから……」「つまりどういうこと? こだわりって?」「……」。

広原さんは徹底的に、こういうコンセプチュアルな話をする人でした。

私はもう「こだわり」のひと言で、頭が変になる寸前でした。そして、会議室に籠ると3時間はこういう話であっという間に過ぎます。そして、最後はこのように言うのです。「こだわりというのは、味の判断基準の目盛りが普通の人より細かいことだよ。わずかな味の違いに敏感な人。そういう味のわかる人にだけ受けるコーヒーを作れ」と。それがこだわりコーヒーだと言うのです。

実は、広原さんはいつも答えを知っていて、こういう禅問答のような議論を吹っかけてくるのです。しかし、これが「ブランドについて深く考える」ということを実践する場になっていました。いつもこのような話をした後は、何とも言えない〝悟り〟を感じていました。そして、「今日もいい勉強をしたな」と思うのでした。

メンターに私淑する

コンサルタントにとって、メンターが大事な存在であることは、拙著『たった1年で〝紹介が紹介を生む〟コンサルタントになる法』（同文舘出版）でも書いた通りです。当時の私にとって、広原さんはメンターそのものでした。広原さんとの会話はもとより、広原さんの日常の仕事のやり方、プレゼンの仕方、他部署を巻き込む方法論、すべてが私にとっては真似する対象でした。「学び」という言葉の語源は、「まねび」だという説があります。つまり、学ぶとは真似することから始まるのではないかと思います。

「これは」と思う師匠を見つけたら、その人のそばにいて徹底的に真似をするといいでしょう。まるで、その人が乗り移ったように振る舞ってみる。ときにはしゃべり方や、呼吸の仕方まで真似してみる。あたかもその人になり切ると、本当にそうなれるような気がします。

当時の私は、広原さんに「何かを教えてください」と言えるほどの勇気はありませんでした。ですから、本当にすべてを真似してみようと思いました。私は自分に経験値が足りないことを知っていたので、メンターを持つことを選びました。「専門家になろう」と思ったら、その最高峰の人が目の前にいたのです。私はそのような幸運に感謝しながら、毎日を学びに変えていきました。

■本当に使えるマーケティングを身につける

さて、それで低迷しているプレミアム・インスタントコーヒーです。私は、このブランドが特売されるようなものではないことを知っていました。ではどうやって売るか。ここが大いなる問題でした。営業マンに売ってもらうにはどうしたらいいかを考えました。

営業にいろいろな言い方を試みました。まずは「品質がいいから売ってくれ」でした。しかし品質がいいなど、今どき普通のことでした。その品質がどれほど価格以上の価値を持つものなのかが大事なことでした。次は、「利益が出るから売ってくれ」というもの。しかし、その当時の市場は「薄利多売でもいいから売りやすいものを売る」というトレンドでした。何ということでしょうか。最後は「お願いだから売ってくれ」です。支店（営業）の人たちはせせら笑っていました。「あなたたちはもう、ブレンディの大瓶だけあればそれで充分なのだ」と思いました。まるでプレミアム・インスタントコーヒーにニーズなどないと思いました。

しかし広原さんには、「バカ、そんなこと当たり前じゃないか。その前提でどうやったら売れるかを考えろ。そもそも支店なんか気にするな。消費者のニーズをきちんと考えろ！」と叱られました。

私は考えました。「普通の人はこの商品は買わない。普通は、安い大瓶のネスカフェやブレンディを買う。それでも、こういう小さめのサイズで高価格な、人と違う商品をほしがる人は依然といる。そのような人たちを増やすにはどうしたらいいか？」

何日も考え続ける日々が続きました。ときにはマーケティング部長が夢に出てきました。部長が「何々はできたか」と、ニコニコしながら私に聞くのです。私は「まずい」と思いながら「いえ、まだです」と答える。すると部長の笑顔がみるみる般若のようになって雷が落ちるという夢です。よく夜中に飛び起きました。ワールドカフェテリアで一敗地にまみれていた私は、もう背水の陣でした。後ずさりできない状況で、立て直し策を考えなければなりませんでした。

そして最終的に、私はこんな戦略を思いつきました。「炭焼珈琲。これはシェアの小さなブランドです。本当によさがわかる人だけ、こだわりを持つ人だけに好まれています。シェアの大きい有名ブランドは、しょせん一般大衆に向けた中庸なブランドです」。

「シェアが小さい」という弱みがこんなに魅力的な強みに変わるとは。このように言われたら、特売のネスカフェを買っている消費者は、「ちょっとそれを試してみたい」と思うのではないか。消費者が「お金を払う理由＝価値」でした。

私の中で、マーケティングのポイントのようなものが、パチンと弾けたような感覚がありました。まさしく「こだわりコーヒー」を訴求するものでした。私は「戦略とは何か」を肌感覚で理解した思いでした。

■戦術プランを必死にやり遂げる

そうは言うものの、まさしく確信のない中で悩みながらの戦略でした。泥沼の中を前進するような感覚です。前に進むのも大変だし、不安。しかし、後ろに下がるわけにもいかない。本当に使えるマーケティングというのは、このような状況で実際に意思決定し、その結果を見ることでしか身につかないのではないかと思います。

しかしながら、「後日、私はこの戦略を実施して」と言えるほど、進行のプロセスは簡単ではありませんでした。まず「なぜ、そのように自分を蔑むような戦略を取るのか」というまっとうな批判がありました。次に「他社から批判を受けはしないか」との懸念があり、最後は「それでも特売商材で売りを稼ぐほうが優先順位は高い」という営業マンたちの見解がありました。

結局は、社内は戦略説明の時点で理解してくれなかったのです。よい戦略を思いついたらモノが売れるというほど簡単ではないのです。本当に社内の理解を得るには戦術が大事です。「明日から何をやるか」を示すことが、実際に組織を動かします。

私が実施した戦術は二つありました。ひとつ目は「継続的な新製品の投入」です。もともと炭焼珈琲は単品のみで、プレミアム・インスタントコーヒー自体の存在感が薄いように思いました。そこで同じ瓶形を活用して「カテゴリー群」を作ろうと考えました。2年間のうちに5アイテムの新製品を投入しました。

二つ目の戦術は、「それらを定番棚でゾーンとして見せる」ことです。「ゾーニング戦略」と呼んでいました。通常、インスタントコーヒーは特売商材で、定番商品としてはなかなか買われませんでした。その結果、定番棚のスペースを無駄にしていたのと、特売ばかりの売り方に偏るので、小売店の利益率を圧迫していました。しかしプレミアム・インスタントコーヒーは、特売にかかるような商材ではなく、かつ売れるようになれば、利益率の改善につながるものでした。

そこで、とくに一番販売効果の高い「ゴールデンライン」と呼ばれるところに、5種類の同じ瓶形の、それぞれユニークな顔をした製品を横一列にざっと並べる作戦を取りました。それによって、棚での目立ち度を最大限にして消費者に手に取ってもらうのです。

マーケティングの実務に強くなるには、戦術プラン、またはキャンペーンに死に物狂いで取り組む姿勢が必要です。実際、このプレミアム・インスタントコーヒーの二つの戦術は、特売にしか興味のなかった営業マンにも響くアイデアでした。

私の開発した新製品は日本全国の販売店の定番に導入され、売上げは最終的には、年間4億円から30億円になりました。2年間で7倍以上の拡大です。簡単なことではありませんでしたし、泥沼の中を前進していくようでした。

しかし、これは私のブランド・マネージャーとしての最初の成功事例となりました。そしてその陰では、広原さんを含め、いろいろな人が助けてくれました。今でも感謝しています。

■やはりＰＤＣＡが大切

若い人と話をしていると、「本当に自分が専門家としてやっていけるか、自信がないのです」と言う人がいます。しかし、誰でもそうだと思います。コンサルタントも同じです。本当にクライアントの課題を解決できるかどうか、「自信がない」というのが正直な気持ちだと思います。

私の経験から言えば、「そんなことは当たり前なのだから、さっさとやってしまったほうがよい」です。多くの人は「自信がないからできない」と考えます。しかし私は、「やってみれば意外とできるものだ」と言います。私にとって、プレミアム・インスタントコーヒーはそういう「素材」でした。一度、体験してしまえばわかってしまうことも多く、それ以降は、逆に不確定さを楽しめるようになります。

ただ、そうなるには、繰り返しになりますが、ＰＤＣＡを意識的に回すことが非常に重要です。とくに、まだ専門家になり切れていない経験値の浅い人であれば、「売れたからよい」「売れなかったからダメ」という単純なことではなく、「なぜ売れたのか」「なぜ売れなかったのか」を知ることが大事なのです。同時に、「もっと、こうしたほうがよかったのでは」も大事です。このようなPDCAを回すことによって、ビジネス経験はより意義深いものになるのです。そして、このような知見がコンサルタントとして独立した後に、非常に深みのあるノウハウとしてクライアントに提供されることになります。

私は、このプレミアム・インスタントコーヒーの経験をもって、自分もブランド・マネージャーとしてやっていけるかもしれないと思うようになりました。この件に集中していたあるとき、天啓を得たように、ブランド・マーケティングについてのコツがズバッと自分の中に落ちてくる感覚がありました。それは何と、地下鉄の中でした。そんな感覚を得て、私は本当にブランドを再生するにはどうしたらいいか、ビジネスをうまくやるにはどうしたらいいかという経営感覚を身につけられたと思います。

■手段を目的化せよ

コーヒーマーケティング部の仕事は、現在のコンサルタントとしての私を形作る原型になっています。仕事は毎日激務でしたが、それも今では非常に充実感のある思い出となっていきます。何かの専門家、プロになろうと思ったら、一心不乱に打ち込む時期が大事だと思います。よく「手段の目的化」という言葉を聞きます。これは「コンサルタントになる」という目的のために「マーケティングを極める」という手段を選んだはずなのが、いつの間にか、「マーケティングを極めること」そのものが目的になることを言っています。通常は、「戒め」として使われる言葉ですが、キャリアを積む上では「手段が目的化してこそ、本当にスキルが身につく」と思われます。

〝何かになる〟ために頑張ることは立派ですが、そのときはまだ目の前の仕事に没頭できていない状態ではないかと思うのです。〝寝食を忘れて仕事に打ち込む〟とは、まさしく「食っていく」という目的を忘れて、「仕事」という手段に打ち込むことを意味するでしょう。人は、誰でもそういう時期を経て、本当の仕事人になっていくのです。もちろん、没頭できるくらい好きな仕事をしていなければなりません。本当に好きなことをやるのが、「何かの専門家」になる近道です。そのように考えると、いったんコンサルタントになることを忘れて、とにかく目の前の仕事に没頭してはどうでしょうか。

■マーケティングの腕試し

考えてみたら、私はずいぶん幸せなＡＧＦマンでした。11ヶ月の大阪支店での現場営業。2年間の営業統轄室でのカテゴリーマネジメント担当。そして、コーヒーマーケティング部でのブランド・マネージャー業務。しかし、これから私はどのようなキャリアを積むのだろうか？

この頃、私はマーケティングの仕事が楽しくて仕方がありませんでした。その一方で、自分の経験やノウハウが、世の中ではどの程度通用するのだろうか、そんなことを考えるようになりました。たまたまいい会社や上司に恵まれて、このような仕事をさせてもらえているだけではないのか？

仕事で成果を出していくうちに、ヘッドハンターとのつながりもできていました。私たちの仕事の情報は、常にヘッドハンターたちの間で流通していて、外資系の消費財メーカーやマーケティング・カンパニーから「案件」が出ると、「誘い」がかかるのです。

私はそのような誘いがくると、まずは話を聞いてみることにしていました。会社への罪悪感は不思議とありませんでした。いくつか面白そうな話がありました。どの仕事もＡＧＦでの経験を活かせるものばかりでした。

私にとって、ＡＧＦという会社は実践的なマーケティング・スクールそのものでした。ごく短期間に「営業」「営業スタッフ」「ブランド・マーケティング」などを経験させてもらい、ビジネス現場の実態を学ぶことができました。本当は、このままＡＧＦにいたら、もっと学べたかもしれなかった。しかし、私の中では「次の挑戦」をしたくなっていました。それは「マーケティングの腕試し」です。

■中途半端なコンサルタントにならないために

このタイミングで、私はコンサルティング会社に転職することもできました。事実、そのようなインタビュー（採用面接）も持ち込まれました。あいかわらずコンサルタントになろうという意志はあったし、専門家としての実力もついてきたと思っていました。おそらく、コンサルティング会社に転職するについて問題はなかったと思います。

しかし、私はそうはしませんでした。正直に言うと、コンサルタントになるよりも、もっとマーケティングを極めたいと思っていたからです。私は、別の事業会社でマーケティングの経験をさらに積むことを考えました。今考えると、それでよかったと思います。他社や他業界を知ることの価値は、コンサルタントになった後によくわかります。

コンサルタントのひとつの強みは、「いろいろな経験をしている」ことではないかと思います。

クライアントが、自分の事業領域に特化していることには弱みもあります。それは、多様な経験を積むことができないことです。逆にコンサルタントは、一本筋を通しながら多様な業界・事業領域での経験を積むことができます。これが、クライアントに「新しいモノの見方」「新しい考え方」「パラダイム」を提供することになります。

そのように考えると、ある業界でひとつの分野を極めたからと言って、すぐさまコンサルタントになるのではなく、少々「遠回り」をしてみるのも意義深いと思われます。中途半端なコンサルタントにならないためにも、できるだけ多くの経験をしておくことが大事だと思います。

当時の私は、意識してそうしたわけではありません。しかし、結果的に見ると、AGFの経験だけを持ってコンサルティング会社に行くのではなく、別の事業会社に行ったことが非常に大きな資産になっていると感じています。

■ある仕事を卒業すると必然的に「次のステージ」が現われる

転職については、最近ではあまりネガティブなイメージもないと思います。しかし、私がＡＧＦにいた頃はそうではありませんでした。「会社にこれだけお世話になったのだから、転職など裏切りだ」と考える人のほうが多かったように思います。

私自身も、そのような考え方をしていました。転職の機会を前に悩みました。過分なチャンスを与えてもらった会社です。もっと会社に報いるべきではないかと。その一方で、本当にそこに縛られていいのか、という思いもありました。当時、私は29歳でした。30歳を目前に、自分のキャリアを真剣に考えるときでした。「自分の可能性を試してみるか、それともこのまま居続けるか」。

ビジネスマンとしてやっていく上で、このような悩みは少なくないでしょう。結論から言うと、これは個人の欲求にしたがうしかないと思います。世の中に流布している倫理観や価値観も、時代とともに変化します。他人がこうするべきと言えるような問題ではありません。

今考えると、私は転職してよかったと思います。ＡＧＦが嫌いだったわけではなく、ただ自分の人生を生きてみたいと考えました。言葉を換えると、「次のステージ」に進みたくなったのです。ある仕事を卒業すると、必然的に「次のステージ」が現われるように思います。これは、大阪でスキーツアーのバイヤーを克服したときも感じたことでした。

人によっては、その兆候に気づかないかもしれません。気づかないばかりに、提示されているステージに行けないこともあるでしょう。または、気づいてはいるけれど、「そこに留まりたい」という欲求が勝つこともあるでしょう。本当に人それぞれなのです。

私は、メンターである堀さんに転職の相談をしました。堀さんには私が異動になった後もちょくちょく相談に乗ってもらっていました。ちょうど昼休み時です。ランチを一緒にして、天王洲の海岸沿いのデッキで打ち明けました。「転職しようかと思っています」と。

堀さんは私の話をひとしきり聞いた後、「そうか」と前置きをして、「水野がやってみたいなら応援するよ」と言ってくれました。堀さんは今でも私の貴重なメンターです。迷うといつも相談します。そして、いつも勇気をくれます。背中を押してくれるのです。AGFでは、マーケティングの基礎をしっかり学びました。そして、他社で私のマーケティングが通用するかの腕試しをするのだと思いました。「外資のマーケティング・マネージャーになって、もうひと皮むけよう」と。

そして、私にとって新しい挑戦とは、「英語を使うマーケティング」でした。織田先生の「英語」というアドバイスがチラリと頭をかすめていました。

4章

論理的思考力を身につける

論理的思考とは何か

私たちが仕事をする上で、「論理的思考（ロジカル・シンキング）」は重要なスキルだと思います。これができると、「問題を整理して考える」や「物事を正しく推論（アナロジー）する」などが可能になります。コンサルタント的発想の三つ目のテーマは、「論理的思考力」です。キャリアのある時期、とくにプロジェクトを任されたり、部下を持つ時期に、このスキルは磨かれることが多いものです。

論理的思考は、コンサルタントの代表的な思考方法です。私の定義では、「理性に基づく合理的な思考法」となります。問題解決という目的に、効率的・効果的に到達する「合目的」的な思考法と言ってもいいでしょう。私たちコンサルタントの分析・提言の多くは、ロジカル・シンキングをベースに生まれます。

ロジカル・シンキングの目的は「物事を正しく理解し、正しく推論すること」です。「きっとこれが正しいだろう」ということを、肌感覚で提言するのではなく、論理的に積み上げて命中率の高いアナロジーを展開することがコンサルタントには求められます。これが「理性に基づく合理的な思考法」と定義する理由です。

世の中には、ロジカル・シンキングの定型ツールがたくさんあります。「MECE」「ロジックツリー」「ピラミッド・ストラクチャー」、それに「SWOT分析」「PEST」「3C」「成長グリッド」「BCGマトリクス」など、経営コンサルタントなら必ず知っている各種フレームワーク。さらに広くは「演繹法・帰納法・弁証法」なども、論理的思考の伝統的なフォーマットです。これらは、ひと通り学んでおくべきでしょう。

■コミュニケーション効率を高めるものでもある

ロジカル・シンキングに関連して、「ロジカルなコミュニケーション」についても述べておきましょう。論理的なコミュニケーションは、相手がどのような人であれ、伝えたいことを伝える「一種の効率論」でもあります。論理的な思考力を磨いていくと、コミュニケーションも無駄がなく、かつボーダレスになります。よく「数字とロジック（論理）」は世界共通と言います。その通りです。これができれば、世界中の人とコミュニケーションできます。当然、初めて会うクライアントさんともうまく話すことができます。

ボーダレスではなくても、会社で働き始めて、とくに部下を持つ頃になると論理的に何かを説明する機会が増えるのではないでしょうか。部下と、そして上司と大いに議論することも多くなるでしょう。業務についての議論、戦略についての議論など、「議論できる環境」にいることが論理性を高めると思います。

相手の考えを理解し、それに対して自分の考えを述べる。しかも、論理的に納得感を持って述べなくてはなりません。ＡＧＦの後に私が入社した「外資系企業」は、そのような環境だったと思います。しかも外資では、それを英語でやらなければなりません。私は織田先生から「英語を身につける」ように言われていたので、そのつもりで転職しました。しかし実際にそのような環境に身を置くと、なかなかたいへんなことも多かったものです。そのことについてお話ししましょう。

■外資系の洋酒会社へ転職

私が転職先として選んだのは、マキシアム・ジャパンという会社でした。採用してくれたのは、当時のマーケティング・ダイレクター、安藤徹さん。私の上司です。現在はウォルト・ディズニー・ジャパンのバイス・プレジデントをされています。マキシアムは当時、レミージャポンと言っていました。後々、フランス本社、レミーコアントロー社のグローバル戦略として、アメリカのジムビーム社、スウェーデンのヴィン&スピリト社（アブソルート・ウォッカ）、アイルランドのハイランドパーク社と合同で〝マキシアム・ワールドワイド〟という販売会社を設立したことで、日本法人の社名も変更になりました。

レミージャポンという名が示すように、「レミーマルタン（コニャック）」を中心とした洋酒会社です。レミーマルタンの他に、「コアントロー（リキュール）」「パッソア（リキュール）」「オールドグランダッド（バーボン）」「マウントゲイ（ラム）」「トレスマゲイヤス（テキーラ）」「ハイランドパーク（シングルモルト）」「フェイマスグラウス（ウィスキー）」などのスピリッツを中心に、「バロンフィリップ（ボルドー）」「ルイラトゥール（ブルゴーニュ）」「ポールジャブレ（コート・デュ・ローヌ）」「アンティノリ（トスカーナ）」など、仏伊のファイン・ワイン、さらに「クリュッグ（シャンパーニュ）」「パイパー・エドシック（シャンパーニュ）」といった、すばらしいシャンパンを持っていました。

私は、リキュール&スピリッツ、そしてパイパー・エドシックのブランド・マネージャーとして着任しました。

私のキャリア・アップ戦略

転職を通じてキャリア・アップするために、私は自分のブランド戦略を持っていました。マキシアムも、それにしたがって入社を決めています。AGFで、「コーヒーのブランド・マーケティング」を経験した私は、当時、自分の専門を「嗜好品のブランド・マーケティング」と打ち出していました。

よって、次に転職する会社も「嗜好品のブランド・マーケティング」であるべきだと考えました。お酒は嗜好品だし、そこにブランドがついていました。やはり自分の専門を知り、それに忠実に仕事を選ぶことが大事だと考えていたし、おそらく「うまくやれるのではないか」と思っていました。できるだけ似た分野、得意な分野にフォーカスして成果を出すと、さらによい仕事が巡ってくるだろうと考えました。

後に私は、ハーシージャパンというチョコレート会社のマーケティング・ディレクターとして転職するのですが、このときも「嗜好品のブランド・マーケティング」という一貫性の中でのキャリア・アップでした。

日本チームと関係が微妙な外国人マネージャーの来日

マキシアムでの最初の仕事は、英語でのプレゼンでした。入社して1週間後、フランス本社からパッソア（リキュール・ブランド）のインターナショナル・マネージャーが来日することになりました。オーガスタン・デパードン氏（以降、親しみを込めて〝オーガスタン〟と呼びます。他の外国人も同じ）。

当時、パッソアは日本で伸び悩んでいる状態でした。本社は、日本市場に積極的な投資をしたいと考えていました。そして、とくにオランダ、ベルギーを中心にベネルクス市場でうまくいった〝クラブ・ツアー〟というキャンペーンを積極的にやりたいと考えていました。

これは、若者に人気のクラブで、パッソア・オレンジというシグニチャー・カクテル（メインとなるドリンクメニュー）を集中的にサンプリングするキャンペーンです。

しかし、日本側は日本側で、「日本では、カクテルはバーで飲むのが一般的だ」「クラブなんて、日本全国で30店くらいしかない」「クラブでのサンプリングなどの小手先のようなキャンペーンではなく、もっとマス・マーケティングを展開したい」「広告をやりたい」「認知度がないのが問題だ」など、意見が食い違っていました。なるほど、話を聞くと、たしかに日本側に一理あるように思いました。しかし、そのような状態が2年ほど続いていたようでした。

後でわかったのですが、この本社と日本側との見解の違いがパッソアのマーケティング活動をストップさせ、それが業績に影響していたのです。

そこに入社したのが私でした。オーガスタンにしたら、「こんど入社したヤツはちゃんとやってくれるだろうか」と期待と懸念を持っていたと思います。安藤さんに聞いたところ、「オーガスタンが来日するまでに着任させたかった」と言われました。「今、あまり本社との折り合いがよくない」とも。

私は緊張しました。日本との関係が微妙な外国人のマネージャーが1週間後に来る。そして、会社の事情をほとんど何も知らない私が、日本でのビジネスについて説明しなければならない。しかも英語で。そう、英語でした。AGFでは事業観やマーケティングについては多くを学びましたが、英語については、まるでやってきませんでした。「これが本当の入社テストというわけだ」と私は思いました。

私は考えました。日本市場や、これまでのビジネスプランについては猛烈に頭に叩き込めば何とかなりそうでした。しかし、英語についてはそういうわけにはいきません。もし、英語で失敗したら、私を採ってくれた安藤さんが恥をかくことになります。「どうして、言葉もできないようなヤツを採ったのか」と言われるでしょう。それだけは避けなければなりません。

■英語でのプレゼンテーション戦略

私は、腹をくくりました。そして作戦を立てることにしました。「もし、私が外国人からその国のマーケットについて説明を受けるとしたら、どんな情報がほしいだろう」と、そんなことから考え始めました。

言葉ができない分、コミュニケーション力で乗り切る必要がありました。そこで、プレゼンテーション資料を「子どもが見ても理解できるくらいシンプルで明快なものにする」ことにしました。ごちゃごちゃと書かない。また図表やグラフを多用するのではなく、簡潔なセンテンス一文のみを紙芝居のように見せる仕立てにしました。言葉ができない分、文字情報で誤解なくポイントを伝え、そこに言葉で補足して説明する作戦です。

次に、「できるだけ多くの質問を準備」しました。相手に質問されてこちらが答えるのは、分が悪いと考えたのです。話の流れをこちらで作ってしまう作戦です。オーガスタンは、「クラブ・ツアーを売り込みたがっている」ことも知っていました。そこで、「クラブ・ツアーとは何か」「今、日本は何が問題と思うか」など、オーガスタンの話したそうなことを引き出す質問を用意しました。

これによって、こちらがしゃべる時間は圧倒的に短くなり、オーガスタンも話したいことを話せるので満足すると考えました。また同時に、話のテーマを共有できてしまえば、ある程度の勘が働き、コミュニケーションは容易になると考えました。

■実は、英語自体は問題ではない

私は一所懸命に、ビジットの2日間を「演じた」と思います。正直に言って、オーガスタンがしゃべったことの3割もわかっていたかどうかというレベルでしたが、不思議と大事な内容はすべて聞き取っていました。とにかく、一所懸命コミュニケーションしました。オーガスタンがフランス人だったこともよかったと思います。ネイティブの英語ではないグロービッシュです。正直、お世辞も使いました。「英語がうまいですね」と言ってあげると喜んでしゃべってくれました。彼自身もネイティブではないので、少しくらいおかしいところや間違った表現があっても、大目に見てくれていたと思います。

そのような「甘めの評価」の中で、私はうまくやり終えました。オーガスタンは大いに自分の考えを語り、喜んで帰っていきました。私もまた、本社の考えることを理解できました。会議が終わってみると、意外と英語自体は問題ではないことも発見でした。むしろ対策と準備、そしてコミュニケーション力のほうが大事だと知りました。日本語も同じだと思います。言葉の問題よりも、テーマ（コンテンツ）を共有していることで会話は成立します。繰り返しになりますが、「今、この話題について話している」と知っていれば、英語がわからなくても勘が働くものです。

英語は、もちろんうまく話せるに越したことはありません。しかし、コンテンツが共有できていないと、文字通り〝話がかみ合いません〟。ですから私にとって、ビジネスを英語でやるのは大して問題ではないと知りました。下手なジャパングリッシュ（日本語英語）で充分でした。相手もバックグラウンドはマーケティングです。それだけでも、会話の多くは成り立ちます。ちなみに、私が今でも苦手なのは、アメリカ人の子どもとの会話です。ネイティブな上に、子どもは気分で話すため、コンテンツが猫の目のように変わります。何をしゃべっているのか、今でもほとんど聞きとることができません。

やがて本格的に、本社とメール、電話、ビデオカンファレンス、書類のやり取り、また外国人の社長や後々の上司などと英語でコミュニケーションするようになり、私は徐々に英語に慣れていきました。しかし、最後まで電話でのコミュニケーションは苦手でした。相手の顔が見えないことがネックでした。

■語学というのは論理性を磨くいい道具である

新しい職場で英語を強制的に使わなければならなかったことは、私にとって論理的なコミュニケーションやロジカルに物事を考える訓練になりました。当時の私の英語は、「頭の中で組み立てて話す」ものでした。今でもそういうところが残っています。決してうまい英語ではありません。相手に伝わるように言葉も選ぶし、文法も意識します。私は海外で生活した経験もなければ、語学学校に通ったこともありません。そのような人間が、英語でコミュニケーションするには「基本に忠実になる」しかなかったのです。当然、話す内容は、情緒的よりも論理的になります。

通常、論理性を磨くと言うと、「数字を扱うか」「言葉を扱うか」だと思われます。要は「算数か国語」です。この二つは一見正反対のようですが、論理性を磨くにはどちらも有効です。日頃のビジネスで使う文書などを見ていてもよくわかります。私たちが日頃目にするビジネス文書の多くは、「数字と言葉をロジカルに組み合わせて内容を伝える」ことに終始しています。要は、他人に何かを伝えるにはこの二つは最も重要なツールで、その根底にあるのは論理的であることです。

私の場合は国語、いや英語がその役割をはたしてくれました。性格的にも嗜好的にも、「言葉」による論理性のトレーニングが向いていたと思われます。外国人とのコミュニケーションという絶対的な環境で、強制的に論理性を磨くことができました。

しかしながら、織田先生は私に「英語」を必須事項として挙げましたが、私はすべてのコンサルタントに英語が必要だとは思いません。英語が必要ない分野のコンサルタントもいるからです。私も、現在の仕事では、ごくたまにしか英語を使いません。

しかし、やはり、英語を使うことは論理的コミュニケーション力を圧倒的に高めることにつながったと思われます。ボキャブラリーがそれほど豊富ではありませんでしたから、知っている言葉を簡潔に、文法に忠実に構成しながら、こちらの意図を伝えようとしていました。
このような言葉の組み立てをしていると、結果的に論理的な〝理屈が明確なコミュニケーション〟になるようです。

興味深いのは、英語が上達するにつれて、日本語でのコミュニケーションも大いに改善されたことです。伝えにくい曖昧で複雑な問題を、効率的に誤解なく伝えなければならないときに、英語的な言葉の感覚を持って説明の道筋・手順を考えるのは役に立つものです。日本人同士の会話も論理的に話せるようになったし、論理的な質問力も身につきました。

■プレゼンテーションも論理性を高めるいい素材

私は、オーガスタンとのプレゼンテーションでよい経験をしましたが、プレゼンテーションも論理性を磨くすばらしい素材だと思います。論理性が磨かれるとプレゼンも上手になるし、逆にプレゼンに気を配るようになると論理性も磨かれるようです。二つはリンクしていて、お互いに補強し合うようです。

言うまでもなく、ビジネスにおいてプレゼンは大事な表現ツールです。しかし、なかにはプレゼンのクオリティに頓着しない人もいるようです。そのような人は、多くは準備が不充分のように見受けられます。言いたいことを盛り込んだだけで、「伝える」や「影響力を与える」ことが弱いようです。やはり、プレゼンにはそれ相応の準備が必要です。

そして勉強した上で、場数をこなさなければプレゼンはうまくならないと思います。確立されたメソッドがあるのに、そこに目を向けない人が多すぎます。私もＡＧＦのときはそうでした。

しかし、オーガスタンとのミーティングで、英語でプレゼンしなければならなくなって、初めてプレゼンについて考える（学ぶ）ようになりました。実は、私のプレゼン研究は今でも続いています。そこでプレゼン構築のポイントをご紹介しましょう。

■相手の聞きたいことを話す

まず、プレゼンテーションは、「相手の聞きたいことを話す」のが基本です。営業マンの商談とまったく同じです。得意先の聞きたいことを話すことで、話は盛り上がり買ってもらえる可能性が高まります。上司へのプレゼンも同じです。上司が「ここを聞きたい」と思っているところを見極めて話すことが大事です。

よく、「こちらの想いを伝えるのだ」ということにこだわるあまり、自分が伝えたいことばかりを一方的に話すプレゼンを見ます。熱意はわかりますが、独善的なプレゼンです。聴衆やお客さんは適当に相槌を打ってくれますが、あまり共感はしてくれないでしょう。

プレゼンテーションは、準備段階で聴衆のニーズを洞察することが大事です。マーケティングでは、これを「インサイト（推測・洞察）」と呼びます。聞き手のほしいものをインサイトすることで、プレゼンや商談は飛躍的に相手の意向に沿ったものになります。そして、最初の数秒で「これは私の聞きたい話だ」と相手に確信させなければなりません。

聞き手のニーズにマッチしているかどうかは、プレゼンが始まるや否や、見ていてすぐにわかります。彼らが身を乗り出すようにするからです。まるで、面白い映画が最初の3分か5分で観客のこころをつかむようです。

聞き手のこころをつかむには、ちょっとした手法がいくつかあります。

私がよくやる手は、最初のページに一行書きで聞き手への興味を煽るような「疑問文」を入れることです。もちろん、プレゼン全体のイントロダクションとして、これから話す内容の本質に関連のある疑問文です。たとえば、「なぜ、スタッフのモチベーションは下がるのか？」とか「もっと効果的な管理職教育はどのように企画したらよいか？」などです。

そのテーマについて聞き手が疑問に思っていることは、聞き手自身に「答えを知りたい」というニーズがある証拠です。その答え自体が、プレゼンの全体構成を成すのですが、最初にそのような疑問文をこちらから投げかけることで、聞き手自身に考えさせることができます。

■人を普遍的に巻き込むプレゼンの要素とは？

よいプレゼンテーションは、三つの要素から成り立っていると思います。まずひとつは「論理的であること」、つまり論旨が明快であることです。

典型的なのはニュース・キャスターがニュースを読み上げるときのプレゼンです。事実や考えを無駄なく話しています。また会社の中での業務連絡などもそうでしょう。何が求められているかを率直に伝える論調です。よく言えばシンプル、悪く言えば単調です。

ときには、そのような報連相型のプレゼンでもいいかもしれませんが、もし誰かに何かを説得しなければならないようなプレゼンであれば、それだけでは不充分と思われます。

そこで、二つ目に挙げるのは「情緒的であること」です。たとえば、「他社ではこのような苦労を乗り越えて成功を収めました」などの事例紹介がそうです。このような具体的な話は、味気ない論理的なプレゼンに色を添えるようです。聞き手の共感を呼び、「自分たちもできるかもしれない」と思わせるようなトピックスを入れるといいでしょう。

この二つに加えて、さらに大事なことがあります。三つ目は「スピーカー自身が好意的に受け入れられること」です。話し方が高圧的であったり、発言がネガティブ、または「自信がないように見える」など、聞き手に与える印象が問題なのです。悪印象を抱くと、聞き手は感情的にプレゼンの内容に同意したくないと感じます。

要するに、態度や表情など、プレゼン内容とは別の要素が大きく影響するわけです。どんなにいいことを話しても、「彼の言うことは聞きたくない」と思われてしまったら、すべての努力が水の泡です。

気をつけなければならないのは、プレゼンテーション当日だけでなく、日頃の態度も影響することです。とくに社内ではそうです。「彼の言うことは信じられる」、「彼の言うことは信用できない」など、日頃の言動や行動から話し手は評価されているものです。プレゼンが成功するかどうするかは日頃の態度も密接に絡んでいるのです。

話すことはコンサルタントにとっての商売道具

「話す」ことは、コンサルタントにとって大事なツールです。まさに、商売道具そのものです。コンサルタントは毎日、プレゼンをしているようなものです。得意先でのワークショップもあれば、まったく見ず知らずの人たちを前にした公開セミナー、アプリや動画を使った教育コンテンツもあります。コンサルタントは、話し好きでなければなりません。実際に、私は話すことも聞くことも大好きです。

メンターが言っていました。「コンサルタントは吉本の芸人のようなもので、ステージに立って、観客をどれくらい引きつけることができるかがカギである」と。その通りだと思います。そのメンター自身が、コンサルタントとして成功しています。その理由のひとつはプレゼンの上手さにあります。いつもメンターの話は面白く、ついつい引き込まれます。「プレゼンは、天性や才能以上に訓練で鍛えられるものだ」とも言われました。

私自身、プレゼンテーションを意識するようになってからは、専門書を読んだりプレゼンの特訓やセミナーを受けています。また、日本一のスピーチの先生について学んだこともあります。そのように学んだことを、実際のプレゼンの場で試すこと、場数を踏みながら体得することが、やはり大事なのです。

■日本市場の事情

オーガスタンとのミーティングが終わった翌週から、私は早速、クラブ・ツアーの具体的な計画を立てることになりました。当然、私はいろいろと市場分析を行ないました。現在のパッソア・ブランドの課題は「認知度がないこと。そして取扱いがないこと」でした。日本での売上げを伸ばすには、認知度を上げながら取扱いを増やすという二本立ての戦略が必要だと思われました。

そのような視点で、オーガスタンが言っていたクラブ・ツアーなるものを見ると、認知度を上げるには絶対的に力不足と思われました。たかが「クラブ店舗内でのサンプリング」です。それまで、ＡＧＦで何億円もかけたマス広告に慣れていた私は、「これでは認知度は上がらない」と単純に考えました。

しかし、むしろ取扱いのほうが問題は深刻でした。「認知度がないから取扱いも悪い」と考えるのは簡単ですが、プレミアム・インスタントコーヒーの経験から、「認知度が低くても取扱いを拡大することは可能」と、私は知っていました。パッソアの取扱いが悪い背景には、営業マンの問題がありました。パッソアは、マキシアムにとって〝戦略ブランド〟でした。しかしその頃、売上げの70％をレミーマルタン（コニャック）に頼っていました。ですが、時代は長期の不況に陥っていました。高級酒であるレミーは売れなくなっていたのです。

それにもかかわらず、営業はあいかわらず高級クラブなどを中心に回っていました。

パッソアは、そのようなレミーマルタン的な高級クラブや顧客ではなく、もっと若者向けのバー、カジュアルレストラン、クラブなどにシフトするための製品でした。しかし、営業自身が、そのような発想の変化に対応しきれていない現状がありました。得意なものを得意なところに売るのが営業の習性です。昨日までの高級クラブへの営業を、今日から若者向けのクラブに変えろと言われても、簡単には変わりません。

そのようなずるずるとした営業の状態が2年も続いていて、その結果、パッソアはオーガスタンの望むような場所で売られていないのでした。

私は、オーガスタンにそのことを伝えました。そして、「クラブ・ツアーよりも取扱いを拡大するキャンペーンをやったほうがよい」と企画を出しました。

フランス本社の事情

しかし、オーガスタンから返ってきた答えは「Ｎｏ」でした。「何が何でも、クラブ・ツアーをやれ」というのが回答でした。私からの返答も「Ｎｏ」でした。そんなものは、金の無駄遣いでしかありません。課題に立脚したマーケティングを組むのがセオリーだからです。しかし、先方からの返答は、またしても「ダメだ」。正直、膠着状態でした。

オーガスタンにしてみたら、彼の上司に、「日本でもクラブ・ツアーをやる」と約束している背景もありました。また彼の上司も、「日本だけが特別なマーケットではない。実証ずみのやり方をなぜやらないのか」とオーガスタンをプッシュしていました。「ローカル・マーケットのブランド・マネージャーに、グローバル戦略をやらせるのがお前の仕事だ」と。オーガスタンは自分の立場もあって、「Ｎｏ」と言っているのは明らかでした。

インターナショナル・マネージャーの役割というのは、各国市場でのマーケティングのコントロールを試みはするものの、実際にはローカルで行なわれることの監査業務でしかないのです。

主な仕事が監査である以上、自分の意見を主張するのは当然なのです。「外資系は、日本の会社よりも官僚的で上司の顔色をうかがう」というのは本当だと思います。ただし、ここで言う「日本の会社」とは大企業のことです。日本の大きな会社は「なかなか気骨のある人が多い」というのが私の感想です。上司に、真正面から意見をする人を何人も知っています。彼らは概して優秀な人たちで、人格的にも優れています。また上司も、そのような部下を頼もしく思っている、度量の深い方が多いように思います。

■ビジネスでケンカをする技術を身につける

「ビジネスでケンカをする技術」などと言うと大げさですが、要は「ディベート（議論）」です。ディベートもまたプレゼンテーションと並び、ビジネスでの大事なツールであると同時に、論理性を鍛える格好の素材です。

マキシアム時代の私は、フランス人であろうと誰であろうと、徹底的にディベートをすることを厭わないことで通っていました。ですからずいぶん、社内では恐れられていたと思うし、私のことを「大嫌いだ」と言う人間も少なからずいたはずです。

私に理があると思えるときは徹底的に攻めて、相手に理があると考えられるときは「さっさと白旗を上げる」。これが私のスタイルでした。自分で積極的に白旗を上げるので、「議論で打ち負かされた感」がほとんどありません。どんな相手とのディスカッションでも、「勝つ」か、公平に言って「引き分け」くらいでディベートを終えることができます。

そうは言うものの、当時、ムキになって議論していたことが、少し「恥ずかしいな」と思います。今では、ディベートは楽しくするもので、「勝った・負けた」にこだわらなくなりました。少しは大人になったのかなぁと思います。

要は、私自身が「すぐに熱くなるタイプ」だったこと、つまり性格の問題でした。ディベート自体は、論理性を磨くツールでもあるので、次に紹介しましょう。

ディベートの師匠

当時、私にはディベートの師匠がいました。いや、ディベートの「好敵手」であり、「スパーリング・パートナー」でもありました。それは、上司であるドゥニ・ヴェルニョ氏。マーケティング・ダイレクターは、安藤さんからフランス人のドゥニに替わっていました（安藤さんはグッチ・タイムピーシーズの社長としてヘッドハントされ、その後、現在のウォルト・ディズニー・ジャパンのバイス・プレジデント職に就かれている）。

ドゥニは元々、フランス本社でオーガスタンのようなインターナショナル・マネージャー（シャンパン）をやっていました。日本に留学経験があり、日本語も非常に堪能でした。インターンでは、大阪・高槻市のサンスターにいました。ということで、日本人のビジネス・カルチャーも理解しています。マキシアム・ジャパンのマーケティング・ダイレクターとしては適任だったと思います。現在は、ヴァローナジャポン（フランスの高級チョコレート会社）のCEOです。ドゥニには「グローバル」というものを身近に感じさせてもらうことができました。また、グローバル・ビジネスでのコミュニケーション術、そしてディベート技術を、ずいぶん彼から習いました。

彼は自ら、「フレンチ・コネクション」という言葉を使うほど、本社のフランス人との折衝に長けていました。実際、彼は今、本業以外に在日フランス人協会の会長でもあります。それほどフレンチ・コネクションの天才でした。正確には、フランス人的コミュニケーションの天才でしょう。彼が本社の人間とケンカをするときですら、そうでした。

そして私も、何度となくアドバイスをもらいました。同時に、彼には議論でもずいぶん鍛えてもらいました。そんなとき、いつも決め手になるのが「数字」と「ロジック」でした。これが、彼の天才の片鱗です。これまで私は、いろいろな外国人と仕事をしてきましたが、ドゥニほどこの二つに強い外国人を見たことがありません。しかも、考えられないほど記憶力のよい人物でした。

■「数字」「ロジック」「細部に気を配る」「一貫性」

ドゥニと話すときは、こちらも数字とロジックで武装する必要がありました。また、フランス人によくある「やけに細かい性格」でもありました。要は、「数字」「ロジック」にうるさくて、人が前に言ったことを全部覚えていて、かつ話の細部を突いてくるタイプでした。

不思議なもので、毎日のようにドゥニと議論をしていたら、私までそのようなアプローチが身につきました。これは悪い意味ではありません。いい意味で、グローバルに渡り合うときの戦略でもありました。

このようなディベートの経験は後々、コンサルタントになってからも有用でした。コンサルタントは人柄が大事ですが、一方で、「冷静さ」「冷めた目で淡々とクライアントの話を聞く」ことも必要です。そのときに求められるのが、「数字」「ロジック」「細部に気を配る」「クライアントの一貫性（過去の発言などの情報を記憶していること）」なのです。そのような冷徹な分析的コミュニケーションは、必ず仕事の成果につながります。逆にこれがないと、コンサルティングは「回り道をしたプログラム」になりかねません。クライアントの要望を聞きすぎて、そもそもゴールにたどり着けないアプローチを取ることもあるかもしれないのです。ときには、数字やロジックを全面に出した反論や警句も必要です。それを冷たく言うか、「温厚な人柄」で包んで伝えるかは、コンサルタント自身のパーソナリティです。当然、後者のほうが望ましいのです。

■ いちいちメモを取ること

ドゥニのディベート技術で興味深かったのは、仮に立って話すときですら、「ノートとペン」を活用していたことです。彼は並外れた記憶力を持っていましたが、それでも相手の言ったことをいちいちメモしていました。まるで、「歩くトレーサビリティ」でした。それを知っているので、こちらは発言に注意深くなります。そして、ときには「あげ足を取る」「論理的矛盾を突く」ための準備をしているようで警戒もします。その姿は一見、「俺はすべてを記録しているぞ」という威圧的態度にも見えます。

ディベート、いや「交渉」で相手を激昂、攪乱、または発言を少なくさせたり、守りの態勢を取らせたり、ときには戦意喪失させる「手」と言えば手です。

事実、ディベートでは、「相手の言い分をきちんと理解すること」が必要です。「相手の発言に一貫性はあるか」「論理的に筋が通っているか」「裏づけ的な情報はあるか」などです。これらをメモしておくことで、こちらも論理的に相手の発言にコメントすることができます。もちろん、私は早速、ドゥニの習慣を真似しました。

しかし実は、メモを取るのはディベートで勝つか負けるかのためのものではなく、より建設的な「コミュニケーションの無駄」を省くための行為、あるいは「相手へのリスペクト」なのです。つまり、相手の時間や発言を無駄にしないための最低限のマナーです。

実際に、会社でのミーティングなどを見ていると、メモを取る人が約半分。メモを取らない人が約半分。そしてメモを取らない人に限って、ポイントのずれた発言をするようです。メモを取らないから、話は同じところをグルグル回るばかりです。細部を忘れることで、さっき話したことをまた話さなければならないような無駄もあります。これでは、発言した人は「何のための発言だったのか」と思っても仕方がありません。

しかし、そのようなことは、ドゥニとのミーティングでは皆無でした。そして、メモを取るがゆえに、議論はより突っ込んだものとなり白熱することもあるのですが、非常に生産的な時間を持てるのでした。

ディベートを目的とするだけでなく、常にノートとペンを持ち歩く習慣をつけることをお勧めします。私自身もそうしています。ちょっと考えごとをするとき、またはアイデアを思いついたときに便利です。コンサルタントとして独立してから、13年間ですでにノートは64冊になりました。これからも増え続けます。これらを見直すと、「この頃はこういう仕事をしていたな」とか「こんなことで悩んでいたな」と、懐かしく思い出します。すべてクライアントとのミーティングのメモです。また、本を執筆するときもノートを活用します。ちょっと思いついたセンテンスを、電車やタクシーの中で書き留めておきます。

■フランスに内緒で取扱い拡大のキャンペーンをやってみた

さて、話を戻します。オーガスタンとのやりとりは続いていましたが、一方で私は、日本でのパッソアの売上責任も持っていました。フランスとの政治的駆け引きに巻き込まれて、膠着状態を続けているわけにはいきませんでした。ブランド・マネージャーとしてパッソアの予算を達成しなければなりません。

私は、フランスには内緒で取扱い拡大のキャンペーンをやることにしました。営業マンはレミーマルタンの仕事で忙しく、パッソアのような新しいブランドに時間を割くことは難しいようでした。そこで、パッソアのみの営業を外部委託するキャンペーンを組みました。外部の営業代行会社に店舗リストを渡し、パッソアの取扱いの商談をしてもらうのです。「営業はレミーマルタンで忙しい。だったら外部の専門部隊に売ってもらおう」という発想です。

キャンペーンが始まって、早速、問題が起きました。営業本部長からクレームが入ったのです。「われわれの営業担当と違う人間が、わが社の名刺を持ってパッソアの案内に来たと、得意先から連絡が入った。いったい、どういうことか」と。今思うと、当然のクレームでした。当時は、私も経験不足でした。そのようなことを予測することなく、ただ自分の目的にしたがって動いていました。私は営業本部長に謝りました。そして、外部を使うキャンペーンも中止しました。

しかし、私は諦めていませんでした。「では、営業マンが営業しやすいキャンペーンを組もう」と。私はダイレクトメールでパッソアの告知をする「流通向けの広告キャンペーン」をしました。これは、営業本部長も何も言いませんでした。しかし、成果はまるで出ませんでした。バーやレストランは、一般的にビール会社と年間契約をしていて、その中にリキュールやスピリッツの取扱い規定（縛り）もあります。そのため、商品の取扱いをおいそれとは決められない商慣習がありました。つまり、ダイレクトメールを送った程度で取扱いが増えるほど甘い業界ではなかったのです。

■ フランス側の言う通りにやってみる

ＡＧＦで学んだマーケティングとは明らかに違うことがわかりました。一方で、時間はどんどん過ぎていきます。フランスとは相変わらずで、毎日のようにオーガスタンからうるさいメールが来ていました。

「取扱いを拡大しようと思っていろいろやったけど、結局、うまくいかなかった」。ふと私は、オーガスタンの言う通りにやってみようと思いました。私が、クラブ・ツアーに先入観を持っているだけのこともあります。それでうまくいけば、彼もうれしいし私もうれしい。本社は施策が正しかったことを証明できるし、私もそれに協力したスタッフとして自分自身を尊敬することができます。

もしうまくいかなかったとしても、そのときは「では、こうしたらどうか」と、また一緒に考えればよいではないか。

そこで私は、ベネルクスで成功したという〝クラブ・ツアー〟なるキャンペーンをやることにしました。しかも、これを渋谷エリアのみの限定で行なうことにしました。渋谷は日本のクラブのメッカです。当時、流行っているクラブが6店ありました。ここで、ベネルクスで行なったキャンペーンと同様のものを実施するのです。3ヶ月間の集中キャンペーンです。

キャンペーンの仕組みは簡単です。クラブの中にはいくつかの広告スペースがあります。モニター、壁、トイレ、エレベーター。そのような場所にバナーやポスターを貼り、本社で作ったCM広告（動画）を流し、店内でパッソアのブランド認知度を高める活動をするのです。

一方でブースを置いて、〝パッソア・ガール〟なるプロモーターがパッソア・オレンジを売ります。注文してくれたら、フラワーリングをプレゼントします。フラワーリングは、それ自体に広告効果があり、消費者同士で「それ、どこで手に入れたの？」という会話になります。

すると、またパッソア・オレンジが売れます。

そのような簡単なスキームを、ひたすらひと晩中やるのです。そして、私たちはそれを実行しました。

たったこれだけのスキームに、私たちは3000万円を注ぎ込みました。「本当に効果が出るだろうか」と、私は心配でした。しかし、まずは信じてやってみようと決めました。

AGF型マーケティングとはまったく別の学びがあった

3ヶ月後、私は驚きました。最終的には昨年同月対比で67%の売上高アップを達成しました。それも全国での販売ボリュームに対してです。そして認知度も大きく伸びました。ただし「渋谷で夜遊びする20代女性」のパッソアの認知度です。

クラブにはターゲット消費者がひと晩で600人から800人ほど来店していました。それを3ヶ月、続けたのです。私の中でのブランド認知というのは、「日本全国の20歳から35歳の女性の認知度」など、マス・マーケティングを前提としたものでした。しかし、パッソアの場合は、そのような認知は必要なかったのです。渋谷というごく限定的なエリア、ターゲット・マーケティングを前提にした認知で充分でした。

さらに、このキャンペーンによって渋谷の居酒屋、バー、カジュアルレストランなどでの取扱いも増えました。クラブでパッソアを知った消費者が、居酒屋などで「パッソア、ないの？」と注文してくれたのです。お客様から要望されれば、ビール会社の年間契約があろうとお店は仕入れてくれました。「なるほど、認知度を拡大すると取扱いが増えるというのはこういうことか」。

オーガスタンも非常に満足していました。そして、私はSMT（ストラテジック・マーケティング・チーム）という、世界中のブランド・マネージャーが集まる会議で成果の発表をすることになりました。私はキャンペーンの様子を映像でまとめていたので、それを編集して発表しました。オーガスタンもうれしかったと思います。

クラブ・ツアーの経験は、私のAGF的なマーケティング・パラダイムを転換させるきっかけになりました。また同時に、新しいことに取り組むときは、「まずは信じてやってみる」ことが大事だと学びました。「日本は事情が違う」などというのは、要は「私の思い込み」だったのです。

それまで「クラブなど、全国で30店しかない」とか「認知度がない」と言っていました。しかし、そんなことは関係なかったのです。それよりも何よりも、まずは他の市場でうまくいったことを愚直にやってみることが大事なのでした。

■ 先入観を捨てることができるか

これまで、論理的思考について話してきましたが、ときには「論理的思考と思っているものが、自分の思い込みや先入観の産物」ということもあります。理屈というのは、人の数だけあることを改めて思い知らされます。ときには、自分の論理を疑ってみることも必要だと学びました。

コンサルティングでも同じです。成功するクライアントは「自分たちの先入観を疑う」ことができる人たちです。今まで頑張ってきたのにうまくいかない現実を素直に認め、「一度、外部の専門家の言うことに耳を傾けよう」という人たちです。聞く気のあるクライアントこそ、コンサルタントをうまく活用できるのです。

逆に、成果を出せない会社の傾向は二つあります。ひとつは「もう、それはやったことがある」と言う会社です。そもそも、こういう会社は、「やったことがある」をきちんと検証することなく、そう言っていることが多いものです。「やった」と言えるほど「やっていない」こともあるし、「やり方が正しかったかどうか」も検証していません。そのような説明をしても、根本では理解されず、結局、何も変わらないことが多いものです。

二つ目は、「耳を傾けても、行動をしない」会社です。この人たちは、「聞いてはみるが、行動を起こすほどの本気度がない」人たちで、結局は何も変わりません。行動しないのですから、聞かなかったのと同じです。当然と言えば当然なのですが、要は聞く気がないのです。私自身は、オーガスタンの言う通りにやってみることでその重要性に気づきました。この経験は後々、新しいクライアントとの初回面談で、私がそれとなくチェックするポイントになりました。

残念なのは、私（コンサルタント）の側から見たら、他社や他業界で普通にやっていることでも、その会社にしてみたら、「無理」「聞かない」となることが少なくないことです。正直に言うと、担当者は「無理じゃないかもしれない」と考えていることもあります。しかし、「わが社のセンスからしたら無理」と判断するわけです。

人は、組織の中で働いていることを強く学ばされます。市場で有効かどうかよりも、組織の中で「うまく収まるかどうか」を判断基準にしていることが多いのです。

■クリティカル・シンキングとは何か

誰でも、自分の既成概念で問題を眺めてしまうことは多いと思います。これは仕方のないことかもしれません。コンサルタントであっても、「真に客観的である」ことは不可能です。少なくとも、「自分」という主観的なフィルターを通してモノを考える以上、「正しい」「間違っている」に少なからず主観は影響します。

これを少なくするには、やはりさまざまな事例や案件をこなすしかないと思います。しかも、ただ単に「こなす」だけではダメで、そのつど、過去の事例を振り返りながら、「自分の既成概念やパラダイムを疑う」ことが大事ではないかと思います。

ロジカル・シンキングと同様に、「クリティカル・シンキング（批判的思考）」も、コンサルタントの重要な思考法です。クリティカル・シンキングは、日本ではロジカル・シンキングと同様、「論理的思考」と訳されることも多いかと思います。

「批判的」であるとは、「物事や情報を無批判に受け入れるのではなく、多様な角度から検討し、論理的・客観的に考えること」です。しかし「無批判に受け入れない」ことが、結果として、「他者の考え方を否定的に捉えること」として認識されていることが多いのではないでしょうか。

しかし、本当はそうではなく、「批判的思考法」とは「自分自身の既成概念を批判的に眺め（疑い）、自分自身に新しいモノの見方を推奨する思考法」なのです。自分が正しいと思っていることの中に「間違い」が潜んでいる可能性があるのです。その間違いに気づくことができる人はほとんどいません。そのために、「批判的思考」というコンセプトが警句的に推奨されるわけです。

コンサルタントになれば多くの経験を通じて、モノの考え方がひと通りではないことをやがて知るはずです。当時の私は、そのようなことを考えたことがありませんでしたが、今になるとパッソアの話はそれをよく物語っています。

■外国人には多様性を受け入れる素地がある

外国人との仕事を通じて思うのは、彼らには日本人（日本企業）にはない「多様なアイデアを受け入れる素地がある」ことです。自由自在なクリティカル・シンキングとは、そのような素地がないと身につかないものかもしれません。彼らは、ダイバーシティ・マネジメント（多様性のマネジメント）に長けているように思われました。

日本企業は、マーケティングや営業にその会社独自なものがある場合、それ以外の考え方や発想を受け入れ難い傾向があるように思われます。元々、島国で単一民族のせいかもしれません。異質な考えや異質な文化に閉鎖的で、そのような考え・文化を持つ人たちと充分に交わろうとする意欲がとても少ないように思われます。

グローバル・ミーティングで私が感じたのは、外国人同士の仕事ではまったく逆だということです。多様性をリスペクトし、積極的に交じり合い、よいものはよいと正直に認め、そして実施する。または協力する。今にして思えば、そのような中から斬新なアイデアは生まれるのだと思います。パッソアのクラブ・ツアーがまさにそうでした。私は、グローバル・マーケティングの非常に重要なポイントは、ここではないかと学びました。

コンサルタントというのは、ある意味、外部の多様性を社内（クライアント）に持ち込む存在です。ここにも、日本で働くコンサルタントの難しさがあるように思います。しかし、コンサルタントとして働きたいのなら、まずは自分自身が多様性の価値を知る体験をすること、自分自身が多様性を認め、活用する術を身につけることが大事だと思います。

■社内も多様性のぶつかり合いと受容だった

完全に日本化している外資は別として、そもそも外資系企業というのは、日本国内にあっても多様性の文化のるつぼです。マキシアムもそうでした。社員はすべて転職組で、新卒採用はしていません。それぞれの社員は、それぞれの専門性を買われてそこに在籍し、そしてそれぞれのキャリア・バックグラウンドを持ってチームに貢献することになります。

日本人同士であっても、価値観の違いは普通の日本企業よりもはるかに大きかったと思います。少なくとも、マキシアムはAGFに比べてそうでした。また厄介なのは、各人のプロ意識が高いので、他の人の職域に口出しするのは、ほとんどケンカを売るような行為だったことです。それぞれの人が、はっきりとプロとして雇われている感覚を持っているのです。

しかし、私はそのような環境が好きでした。むしろ快適だったとも言えます。このような感覚の中で働いていると、おのずと他のメンバーに対してリスペクトの念が出てきます。そして、自然にていねいな物言いにもなるし、何かをやってもらったときには純粋に感謝できるようになります。リスペクトは、外資系企業での一種の処世術だと思いました。

■グローバル・ブランディングの経験

批判的に自分の考えを眺めるのは、「自分の狭い世界観を自覚する」ことでも磨かれます。いろいろな世界観があることを知ることで、自分の先入観を冷静に扱えるようになる。要は客観性を増すことが、論理的・自己批判的であることにつながるようです。

オーガスタンとのつながりに限らず、マキシアムでの大きな学びに、「外国人とのグローバルな環境での仕事」がありました。これによって私は、自分の世界観を広げられたと思います。

マキシアムでは、ブランド・マネージャーの頃から海外出張が頻繁にありますが、マーケティング・マネージャーになってブランドの数が飛躍的に増えたことで、まるで国内出張に行くのと同じ感覚で海外に飛ぶようになりました。その頃になると、英語の問題はほぼなくなっていました。自分のジャパングリッシュをみっともなく感じて、かなり改善されていたと思います。

パイパー・エドシック（シャンパンのブランド）のグローバル・ミーティングでローマに行ったときのことです。15ヶ国くらいから参加したブランド・マネージャーたちとのミーティングを終えて、全員で街に繰り出しました。バー・ビジットです。現地市場の視察、とくにシャンパンがどのように飲まれているのかを見ました。そこで、奇妙な飲み方を見ました。シャンパンの小瓶に直接ストローをさして、まるでソフトドリンクを飲むように地元のイタリア人たちが楽しんでいたのです。イタリアのブランド・マネージャーが教えてくれました。「ミラノで流行っているスタイルよ。元々、ファッション・ショーのモデルが始めた飲み方なの。ストローなら口紅が落ちないから」。

私は雷に打たれたような衝撃を覚えました。当時、パイパー・エドシックは日本市場ではまったくの〝鳴かず飛ばず〟の状態で、どのようにリブランディングをしたものかと悩んでいたのです。これを日本に持ち帰ってはどうか。私は、イタリアのブランド・マネージャーにくわしく話を聞きました。「ヨシロウ、それならいろいろ雑誌の記事もあるから送る」。パイパー・エドシックは後日、このスタイルに「ベビー・シャンパン」というコンセプトをつけて、リブランディングを達成しました。

アブソルート・ウォッカのミーティングでストックホルムに行ったときのこと。やはり、グローバル・ミーティングでした。当時、アブソルートはマキシアム・ワールドワイドで販売を開始したばかりでした。約40ヶ国からミーティングに参加していました。

そのようなキックオフ・ミーティングだったせいでしょうか、チーム・ビルディングを非常に意識した会議でした。

そのために、ミーティング会場は通常のコンファレンス・ルームのみならず、「船」「農園」など、スウェーデンの文化が感じられる場所が意識的に選択されていました。ユニークな会議風景でした。

ストックホルムの港から出航し、半日かけてクルーズしながらの会議です。私たちはスウェーデンの民族衣装を身につけ、その間抜けな恰好を笑い合いながらビジネスについて話し合いました。

農園でもそうです。ストックホルムではなく、スウェーデン南部のオフュスという田舎でした。ここに、アブソルートの原料となる冬小麦の広大な畑があるのです。早朝、一面に広がる広大な小麦畑の中の納屋に集合し、まずは朝食。直径1メートルほどの巨大なフライパンで大量の目玉焼きとベーコンを、昔ながらの農家の方法で焼き、みんなに振る舞いながら、アブソルートの原料である冬小麦のレクチャー。

非常に楽しかった思い出です。そして、ブランドへのコミットメント意識も高まりました。アブソルートのこの会議は、常に会議自体にストーリー性がありました。このような会議の構築方法は、日本の会社ではなかなか見ることができないものです。

■日本での成功を海外に輸出する

このようなグローバル・ミーティングは、頻繁に行なわれました。そのたびに、私の世界観も広がっていきました。ときには、日本でのオリジナルな成功事例を私が発表することもありました。フランス・ロワールで行なわれたコアントロー（オレンジ・リキュール）の会議。発表者は私でした。当時、コアントローは、飲むものというよりも「スイーツの素材」と認識されていました。チョコレートやケーキのマストアイテムで、パティシエのためのブランドでした。もちろん、バーテンダーもマルガリータなどの有名なカクテルに使いますが、消費者にはスイーツのイメージが強かったのです。これは、世界的にも同じでした。

われわれの課題は、「ドリンク・イメージを強化すること」でした。当時、コアントローは部下のアシスタント・マネージャーが担当していました。彼女が考えた戦略は、「スイーツのイメージを強みにしたカクテルの開発」でした。そこで〝コアントローショコラ〟という、ホット・チョコレートにコアントローを加えたホット・スイーツカクテルを開発しました。

もともと、コアントローはスイーツの素材として認知されています。そこで、スイーツの延長線上のカクテルを提示することで、徐々にドリンク・イメージに移行させていくという作戦でした。チョコレートとコアントローは相性抜群です。うまくないわけがありません。

このコアントローショコラを、新潟県・苗場スキー場のゲレンデにブースを作り、コーヒーによくある蓋付きペーパーカップ・スタイルで提供しました。零度を下回る雪の降るゲレンデで、熱々の甘いホットカクテルです。これが、驚くほど大量に売れました。

苗場の来場者の70％は、東京方面からのお客様です。思い出深いホットカクテルとして認知してもらい、そのまま東京に帰った後も、バーで飲んでもらう施策も用意していました。約400店舗のバーで新メニューとして用意していたのです。このキャンペーンも非常にうまく機能しました。

このような活動を、グローバル・ミーティングの場で発表しました。大いに評価してもらい、いくつかの国でコアントローショコラが導入されました。ちょうど、ベネルクスのパッソアのクラブ・ツアーが、渋谷で再現されたのと同じ構図です。「海外のスキーリゾートで日本発のブランド・キャンペーンが実施される」ことは、非常に愉快でした。

■日本企業でも多様性を学べた

日本企業でも、多様性の気づきをもらう経験がありました。あるとき、マキシアムの営業活動をアサヒビールに移管する話が出てきたのです。

レミージャポンからマキシアム・ジャパンに替わって親会社が4社になり、取り扱う製品数が飛躍的に多くなったのですが、すべての製品に充分な営業活動をかけられないという問題が出てきました。当時、40名ほどの営業マンがレミー時代から在籍していたのですが、とても足りません。そこで、親会社のひとつであるジムビーム社と関係のあったアサヒビール（当時）に相談し、アサヒの営業マン1200人のマンパワーを活用してはどうかという話になったのです。

こうした方式を、マーケティング・カンパニー制と呼びます。外資系のマーケティング組織としてはよく見られる形態です。ブランド戦略やマーケティング戦略の構築（プランニング）は、私たちのような日本支社が行なって、販売活動、営業活動をアサヒビールのような日本企業にお願いするやり方です。

このやり方だと、外資は一から日本国内の営業開拓を行なう必要がなく、すみやかに大手企業の流通チャネルに製品を乗せられるのです。もちろん、営業マンを自前で持つ必要もありません。一方、日本企業はブランド力のある商材をまとめて手に入れることができ、これまでの営業活動を継続する中で単純に売上げが増えます。

このアサヒとの話を、上司から「このプロジェクトのキーマネージャーを、ミズノさんにお願いしたい」と言われたのです。私は面白いと思い、引き受けることにしました。

アサヒビールのすばらしさは「徹底」の二文字にあった

アサヒビールとの提携が始まって洋酒事業部の人たちと仕事をするようになり、私は「本物の日本のエクセレント・カンパニー」がどのようなものかを学びました。言わずと知れた会社です。営業戦略から戦術への落とし込み、営業マンの行動管理、そして業績への徹底したこだわりとレビューはさすがでした。

彼らのすばらしさは、「徹底」という二文字に集約されると思いました。計画したことをやり切る徹底、または「何が何でも達成するのだ」という徹底。これを彼らは「チャレンジ」と呼んでいました。私には、「チャレンジをキレイごとにしない徹底」と映りました。

これまで、グローバルな環境で外国人と一緒に働いてきて、そのキーワードは「多様性」でしたがアサヒビールの徹底もまた、私には多様性のひとつに見えました。そしてそのあり方に、私は久しく忘れかけていた「日本人の勤勉さ」を見ました。外国人の多様な文化的背景を受け入れる寛容さと、日本人の一枚岩になって目標を達成していく勤勉さ。このどちらも、私には価値ある多様性でした。

■「論理の外側」と「直観」

さて、このようにさまざまな機会を通じて論理的思考力を高めていくと、やがて「論理的思考では解決できない問題」があることにも気づきました。これを「論理の外側」と呼んでいます。そのようなとき、「直観力」について考えることが多くなるようです。「インスピレーション」、または「閃き（セレンディピティ）」と言ってもいいでしょう。

人間は遅かれ早かれ、誰であってもいつかは直観について考えるようになるのではないかと思います。とくに、人生が理屈や論理ではあまりうまくいかないとき、「なぜ、このようなことばかり起こるのか」ということを考え始めるように思います。おそらく直観は「人間の霊性」のひとつで、肉体や精神性のレベルを超えて、本来の自分を見つめるときがくるのでしょう。

論理の外側をじっと観察すると、世の中で起こる物事には非常に多くの側面・要因・原因があることがわかり、「矛盾」や「二つ以上の真実」を認めるようになります。そして理屈を超えた「外側」にこそ、より多くの真実があるように思うようになります。これに気づくために、「論理的思考の限界」が目の前に現われるのではないでしょうか。そのようなとき、私たちは直観に頼って意思決定するようになります。

私は、「そもそも人間とは直観的な生き物だ」と、今では思っています。しかし、サラリーマンの頃はそうではありませんでした。「世の中、理屈ばかりじゃないよ」などと言う人は相手にしなかったし、どんなことでも理屈を抜きにして語るべきではないとすら考えていました。ビジネスではなおさらでした。ずいぶん気難しい人間だったように思います。

しかし、独立してから、「理屈では解決できないことがある」ことに気づきました。そして理屈万能主義でなくなったあたりから、私は「優しい性格」になったと思います。

■直観とは何か

ここで誤解していただきたくないのは、「直観のほうが論理的思考より優れている」と言いたいわけではないのです。論理的であることを否定する意味はありません。コンサルタントは、どこまでいっても論理的であり続けるでしょう。私が言いたいのは、「論理的であるし、直観的でもある」コンサルタントには優秀な人が多いということです。

直観とは、「瞬時に論理的思考をやってのける」ことのようにも思います。とくに、論理的思考の経験を積んだ後は「目利き」のごとく、一瞬で問題の本質を見抜くようです。喩えて言うなら、「文字情報」と「映像情報」の違いです。

たとえばここに、美しい風景とその説明文があるとします。文字で説明されたものを読むのが論理的思考です。一方、その風景をあたかも写真のように一瞬で頭に収めるのが直観です。文字情報では書かれていなかった内容でも、写真には映るものです。これが、コンサルティングでも究極ではないかと思います。まさに、「自転車に乗るようにコンサルティングする」とは、論理的思考の経験を積んだ後にくる脳の働きです。

せっかくなら、論理的に思考せずとも、肌感覚で正解にズバッとたどり着けるレベルを目指すべきだと思います。問題を見た瞬間に、「あ、これだ」と答えが一発でわかる状態です。そのような状態になるには、やはり訓練と経験が必要で、その訓練期間に養うのが論理的思考による問題解決力です。その場数を踏むことで経験値が蓄積され、ロジカルに考えなくても、一足飛びに課題と解決策を見抜けるようになります。

直観の使い方

直観というのは、ありがたいことにすべての人に元々備わっているものです。要は、それを信じて使うかどうかの問題です。では、そのような能力を使うにはどうしたらいいのか？

以前、メンターに言われて、面白いゲームをしたことがあります。比較的散らかった部屋に、二つのグループを入れます。そして片方のグループには「10秒で部屋の中の赤いモノを探してください」と言います。もう一方には、「青いモノを探してください」と言います。10秒たった後、どちらのグループにも目を閉じてもらいます。そして赤いモノグループに「部屋の中の青いモノを教えてください」と逆を尋ねるのです。青いモノグループにも、同じように「赤いモノを教えてください」と言います。

結果はどうか。どちらのグループも満足に答えることができませんでした。同じ部屋で同じモノを見ているはずなのに、答えられないのです。次に赤いモノグループに「赤いモノ」、青いモノグループには「青いモノ」を聞くと、すらすらと答えてくれました。

ここに、直観を使うポイントがあります。直観は、「何に視点を合わせるか（フォーカスするか）」によって、目に飛び込んでくる情報が変わるのです。これをコンサル的な言い方で説明すると、「どのような設問をするか」です。問題意識をはっきりと持つこと（探し物をはっきりさせること）が、直観を使うアプローチです。

たとえば、何かの問題があるときに、それを念じて、ぱっと本を開いてみる。するとそこに、ヒントや答えそのものが出ていることが少なくありません。または、壁のポスターに目を移す。同様に答えやヒントがあるかもしれません。

論理の外側に対処するには、こちらも論理の外側的な手段（直観）でいくのがいいのでしょう。心の中で「こんな問題を抱えています」と念じ、意識をそこに向けると必要な情報がおのずと飛び込んでくるようです。

■織田先生の大事な「三つの教え」はほぼ終了した

マーケティング・マネージャーとしてのエキサイティングな経験。学生の頃、織田先生に言われた大事な「三つの教え」を思い出してみました。「事業観を身につける」「マーケティング」「英語」。自己採点してみると、完璧ではないにせよ、ほぼ及第点をつけてもいいように思いました。

「事業観」は日本企業と外資系企業で、まるで異なる経験をしました。チームで働くことや組織の力学も学びました。

「マーケティング」は、営業の経験から事業戦略（ブランド戦略）の計画・実行までＰＤＣＡを回すことを前提に多くを吸収し、同時にいくつかの実績も作ってきたと思います。

「英語」もグローバルな環境で、外国人とでもディベートできるようになりました。

この時点で、私はコンサルタントになってもよかったと思います。しかし、またしてもコンサルタント会社に転職しようとは考えませんでした。

コンサルタントよりも外資系企業の社長になりたい

正直に告白すると、私の「コンサルタントになりたい」という学生の頃の夢は色あせたものになっていました。これまでマーケティングの仕事に没頭したおかげで、コンサルタントよりも、「45歳までに外資系企業の日本支社長になる」というのが私の夢になっていました。マーケティングの分野から、ゼネラルマネージャーへのキャリアパスです。

「実体感のある経営」というものに強烈に引かれていました。外資系のグローバルなモノの考え方も合っていました。なので、なおさら自分ではハンドルを握らず、アドバイスをするだけの「自動車教習所の教官」のようなコンサルタントなど、うさん臭くてくだらないと思うようになっていました。もし次に転職するとしても、やはり事業会社で仕事をしようと考えていました。

しかし、運命は刻々と変わっていきました。2000年の正月。「今年で20世紀も終わりか」、そんなことを考えていたとき、〝ある考え〟がふと頭をかすめました。「そうだ。本を書いてみようか」と。これが、外資系の社長になる話とどのように関わるかというと、まったく関係がありません。しかし、人生とはそのように進むのではないか、と今では思います。

本。この唐突な思いつきはどこから来たのか。文字通り「直観的な思いつき」でした。それはそれとして、それまで頑張ってやってきたマーケティングやブランディングの実務的な話を、20世紀が終わる記念に書き留めておこうと考えたのです。「これから、マーケティングやブランディングはもっと変わる。20世紀のそれを書いておこう」と。

私は元々、真面目な性格でした。思い立ったが吉日で、早速ノートを買ってきて書き始めました。

5章

教える技術を磨く

究極の方法は「文章を書くこと」

他人に何かを教える。これは、コンサルタントの人生そのものかもしれません。私たちは「教える技術」を磨く必要があります。コンサルタント的発想の最後は「教える技術」です。最も即効性のあるトレーニングは、「文章を書くこと」だと考えています。

そもそも、他人に何かを教えるには戦略性を要します。どのような順序で、何を伝えたら「腹にストンと落ちる」か。そのためには、「漠然としているコンテンツ」を準備した後に、それをパズルのように組み合わせる必要があります。そして、細部の表現方法を吟味し、全体を精緻化します。

文章は、書き手の顔色や表情、声の感じなどが一切わからない状態で、純粋に文面だけでコミュニケーションする手段です。ときには、「文字数が限られている」こともあるでしょう。

そのような「制限の多い状態」で、こちらの意図を正確に伝えるには、なおさら戦略性が必要となります。

文章を書くことは、たいへん効果的な戦略性トレーニングです。ボキャブラリーが増えるのも、戦略性を飛躍的に高めます。語彙の豊富さは優れた戦略家の特徴でもあります。実際に、私は企業の経営戦略スタッフの人たちに常々言うことがあります。それは、「文章を書きましょう」ということです。彼らの仕事は「経営戦略」というテーマで、他のスタッフ以上に戦略性を要求されるので、そのようにアドバイスします。コンサルタント志望の人や、すでにコンサルティングを行なっている人にも同じようにアドバイスします。

ブログやメルマガなど、自身の考えをある程度のボリューム感で書くのがいいのです。当初は、「読んでくれる人がいるかどうか」は気にする必要はありません。あくまでも、「自らが書く」「それを継続する」ことに意味があります。たとえば毎週、決まった曜日の決まった時間にブログをアップする。私の場合は、同様のルールで毎週メルマガを配信しています。

そして文章を書く究極は、やはり「本の執筆」です。コンサルタントの人から相談を受けて、私が「コンサルの絶対要件」としてアドバイスするのが、「本を出版しましょう」です。教える技術も上達しますし、何より、本そのものが、コンサルティングの仕事をもっと増やす武器になるからです。

本を書き始める

さて、2000年の正月に「これで20世紀も終わるから、これまでやってきた仕事を本にしてみよう」と思ったのが始まりでした。正直、「何となく」始めてみようかと思い立っただけでした。出版できるかどうかはわからないけれど、挑戦してみたくなったのです。すぐに執筆用のノートを買いに行きました。

それにしても、本など書いたことがありません。本どころか、まとまった文章を書くこと自体、あまりない生活をしていました。ノートを買ったのはそういう理由です。「どうせ、パソコンに向かったところで言葉を紡ぐのは難しいから、思いついたときにセンテンスをノートに書き留めよう」というアプローチでした。

実は、今でもこの「ノート作戦」が私の執筆スタイルです。今書いているこの文章も、ノートに書かれたものをパソコンで清書しています。もっとも最近では、スマホの録音機能も使います。たとえば、道を歩いているときや急いでいるときなど、ノートを開くことが手間なときに文章の一節を思いつくことがあります。そんなときは、歩きながらスマホに録音しておくのです。そして、後でその一節をノートに書き足します。

私の執筆スタイルはこのようなものです。まず、本のコンセプトと目次テーマを決めたら、とにかく思いつくままの文章をノートに書き留めることを最初にします。次に、書かれたバラバラな文章を眺め、それを目次テーマ別に仕分けします。そして関連した文章や似た文章を編集しながら、個々のセンテンスをパズルのように順序を組み立て直し、一連の流れ（コンテンツ）を作ります。そして最後に、言い足りないことをつけ足し、増幅して、最終的な原稿に仕上げていきます。

この執筆方法のいいところは、執筆のためのまとまった時間を取る必要がないことです。執筆場所は電車の中、歩きながら、ランチや夕食時、誰かと会話をしているとき、またはベッドの中などです。風呂に入っているときですら書くことができます。要は、いつもノートを持ち歩きながら生活することで、24時間いつでも執筆することができます。

まだ息子が2歳くらいだったとき、日曜日になると、よく公園の砂場で遊ばせていました。そこには同じくらいの歳の子が何人かいて、いつも一緒に遊んでいました。その横で、私はノートに向かっていたものです。公園の砂場の縁（へり）ですら、私にとっては恰好の椅子でした。事実、執筆がはかどる〝お気に入りの縁〟がありました。そんな私を見て、他の子のお母さんたちは、「K君のお父さんは、いつもノートに何か書いているけど、何を書いているのかしら」と訝しく思っていたようです。ブランド、ブランディングについて、私は「私の経験」をノウハウとしてまとめていたのでした。

■塞ぎ込むと聞こえる〝内なる声〟

２０００年当時、「ブランディング」という言葉は、まだ日本には存在しませんでした。その代わりに、「ブランド戦略」「ブランド・マーケティング」「ブランド・マネジメント」「ブランド・ビルディング」という言葉を使っていました。また、当時のブランド戦略についての本は「ブランドとは何か」を説くものが多く、その実務的な内容について述べるものは、一部の外国人が書いたものを除き、皆無だったと思います。

私はＡＧＦの頃から上司や先輩に勧められて、アル・ライズとジャック・トラウト（ともにアメリカの現代マーケティングの第一人者）の「ポジショニング」系の本を徹底的に読んでいました。その秀逸なアイデアには感心しました。

そして、実務でも彼らの戦略コンセプトを試してきた経緯があります。そこで、「実務の視点からブランド戦略の本を書きたい」と思っていました。

私は、マキシアムでの実体験に基づくものを書こうと考えました。いろいろな仕事をしてきましたが、一番面白かったのは「パイパー・エドシックのリポジショニング。ベビー・シャンパンの事例だ」と思いました。そこで、A氏という架空のブランド・マネージャーが、〝ブランドX〟という架空のブランドを再構築していく話にするのです。「著者としての私」が、「A氏としての私」を客観的に描いていくことに夢中になりました。

しかし、必ずしも順調に書き進められたわけではありませんでした。「ブランディングの実務を紹介するのだ」と思う一方で、ためらいもありました。「私ごときの体験やブランド論にどれほどの価値があるものか」——そんな思いになるときは、決まってペンが止まりました。そして、ネガティブな妄想に囚われるのです。「こんな文章を書いても、出版も決まっていないし、誰に読まれるわけでもなく、無意味ではないか」「自分がこれまでやってきたことなど、ほとんどありきたりのことではないのか」「自分の経験など、しょせんは自分にしか当てはまらないのではないか」「素人の書く文章など読みにくいのではないか」「自分はなぜ、これを書いているのか」などです。そして最後は、「自分は本を書くほどの価値があるのか」でした。

これは、多くの著者ビギナーが陥る「軽い鬱（うつ）」のようなものかと思います。私もそんなときは、ノートを放り出して別のことを始めるのでした。しかし1週間、2週間とほったらかしにしていると、やがて別の声が聞こえてきます。とくに朝方の4時頃、目が覚めてベッドの中にいると聞こえてくるのです。たとえば、こんな具合です。「お前は本当に書くのをやめるのか」「お前はそれでいいのか」、そして「お前は自分自身と自分の経験に価値がないと〝認める〟のか」。

そのような声に抗うのは実に難しいことでした。そして、またノートを持ち歩く生活に戻るのでした。私にとって最初の本は、ごく個人的なプロジェクトを書くことから始めましたが、やがて「かなり本気で取り組むプロジェクト」に変わっていきました。どこかで、「他人の評価などどうでもいいじゃないか」とも考え始めていました。

世の中には、たとえばアマゾンの書評などで、誰かが書いたものに容赦ない評価をする人もいます。人の書いたものを酷評するのは簡単ですが、「それでは、あなたはどれほどのものを書けるのか」と思います。しかも匿名でこき下ろすとは、卑怯そのものです。「自分もそんな餌食になるのでは」と、考えなかったわけではありません。

しかしそれよりも、このプロジェクトは「自分自身との戦い」でした。自分で決めたことに、最後まで取り組むことに価値があるように思いました。

■会社の近所の出版社に持ち込んだ

最初の本は、やはり手ごわかったことを覚えています。ノートを持ち歩くので、いつでも書くことはできるのですが、それを原稿にしていくには、まとまった時間が必要でした。私は「時間をかける」戦略を取ることにしました。夜、家族が寝静まった後に、ひとりパソコンを開くのです。当時のパソコンはノート型であっても、持ち歩くのはたいへんでした。

毎日、少しずつ「構築」していくのです。そう、執筆というより構築でした。ノートに書かれた〝素材〟を組み合わせながら作り上げていくのです。結局、1冊の本を書き上げるのに1年かかりました。そのときの達成感と解放感は何とも言い難いものがありました。そしてそのとき、思ったのです。「経済界（出版社）に持ち込んでみよう」と。当時、マキシアムは神谷町にあって、私は虎の門駅から会社まで歩いて通っていました。その途中に経済界という出版社がありました。「経済界という社名からして、きっとビジネス系の出版社だろう」と思っていました。

経済界へのアプローチは、ある知人を頼って編集長を紹介してもらいました。書き上げてから半年ほどかかりました。山根一元編集長。当時、山根さんはビジネス新書のシリーズを立ち上げようとしていました。

原稿を持ち込んだときの緊張感を、私は忘れることができません。自己紹介と今の自分の状況を話した後、ひと通り企画の説明をしました。「ブランド・マネージャーという仕事がありまして……」。当然、山根さんは何もご存じではありません。私はできるだけわかりやすく話そうとして、逆に上手く説明できませんでした。ときどき、山根さんは頷いてくださるのですが、「伝わっているのだろうか」と不安でした。そしてプリントアウトした分厚い原稿を、おそるおそる手渡しました。

季節は晩夏でした。古いクーラーから生ぬるい風が吹いてくるのですが、私は全身、滝のような汗をかいていました。山根さんは物静かな人でした。初対面の私に、2、3の質問がありましたが、あまり突っ込んだことは聞かれず、「わかりました。読んでみます」とそれだけ言うと、ミーティングは終わりました。私は生きた心地がしませんでした。

出版の決定

2週間後、山根さんから連絡がありました。「ご都合のいいときに、一度いらしてくださ い」。私は直立不動になって、「本日、すぐにうかがいます」と即答して受話器を置きました。その日の終業後、私は山根さんに会っていました。

「水野さん、私は競馬が大好きでしてね」と、山根さんは話し始めました。「競馬？」。私は何のことかと思いました。「優秀なブランド・マネージャーというのは、優秀な騎手のようなものですね。そのような騎手が乗ると、駄馬でもよく走る。でも、どんなに血統のいい馬でも、騎手が下手だとまるでダメ。ブランド・マネージャーとブランドというのは、〝騎手と競走馬〟みたいなものですね」。

私は驚きました。これほど本質的なことを、これほど的確に喩えた人を今まで見たことがありませんでした。「そうです、その通りなのです！」。私はうれしさもあって、興奮してそう言いました。そして山根さんは続けました。「実は、私もこの出版社では騎手なのです。

今、新しい〝ビジネス新書シリーズ〟という馬を出走させようとしています。そのシリーズのひとつとして、この原稿を出版させてもらえますか？」

私は気が遠くなる思いでした。文字通り、めまいと言うか、くらくらしました。「山根さんは、素人の私が書いた原稿を出版してくださると言っている。本当に夢じゃないか」と思いました。あのときのうれしさは、文章にできるほど単純なものではありませんでした。私は興奮気味なこころを抑えながら、「はい、謹んでよろしくお願いします」と答えました。

「ただし、ひとつお願いがあります」と山根さんは続けました。「文字数を拝見すると、本にしたときに500ページもの分量になります。これを220ページ程度まで凝縮していただけますか？」。1年かけて書いただけあって、膨大なボリュームになっていました。ここからが本当の推敲でした。

それにしても、私は本当にラッキーだったと思います。出版社の編集長によっては持ち込まれた原稿など、見向きもせず返送する人もいると言います。「自分で新人を発掘したいタイプ」の編集長は、誰かに紹介された新人著者はあえて相手にしないとも聞きました。そのような中で、私は幸運でした。しかも、ここが持ち込んだ1社目でした。

やがて2002年の12月、私の処女作『ブランド・マネージャー』（経済界）は出版され、全国の書店に並ぶことになったのです。

■右脳と左脳のバランス

文章を書くようになると、「右脳と左脳のバランスがよくなっていく」のではないかと思います。芸術的感性と論理的思考の両方が磨かれるようです。

実は、これは訓練でそのようになる、と私は思っています。もともと私は、右脳型の人間でした。物事をビジュアル的に捉えるタイプだったし、感覚的なものを愛していました。もちろん典型的な文系です。

しかし、社会人になって仕事をするようになってからは、会社で徹底的に左脳型（論理的思考）の教育をＯＪＴで受けました。とくに、ＡＧＦでのブランド・マネージャーの業務はその典型でした。上司へのプレゼンテーションも、マーケティング・プランの策定も、論理的一貫性を重視するように鍛えられました（今思うと、つまらないマーケティング・プランも多かったと思います）。

やがて転職し、そして2000年に本を書き始めるようになって、私は右脳と左脳がドッキングしていくような感覚を持つようになりました。つまり、「人に教える文章は論理的でなければならないけれど、それだけでは面白くない。人のこころに感銘を与えるような印象深い文章は、情緒的でなければならない」と考えるようになりました。

そのようなことを気にかけながら、今日まで努力を続けています。まだまだ未熟ですが、そのおかげで、今ではクライアントの戦略づくりも課題解決も、文章を書くのと同じ感覚で答えを出せるようになりました。

■コンサルタントにとって本とは何か

コンサルタントという仕事をしていて思うのは、「毎日の仕事のすべてが本のネタになる」ということです。無駄は一切ありません。さまざまなクライアントとのさまざまな仕事を通じて、常に新しい情報がインプットされます。その多くは、実際のビジネスでの仮説と検証から生まれます。もちろん、コンサルタントは守秘義務があるので、どこまで公開できるかは別の問題です。

私にとって本とは、「経験を通じて得たナレッジをシェアするためのもの」です。私が書く本はもちろん、私が読者として読む本もそうです。通り一遍の教科書的なブランド論やマーケティング論はあまり好きではなく、実務家が書いたものが好きです。実務家が、実際のビジネスで悩みながら成果を出した〝生々しいマーケティング論〟は、誰かの経験をインタビューしてそれを理論的にまとめたものよりも価値を感じます。

まさしく「経験を通じて得たナレッジ」そのものです。そのような本を私も書きたいと思っています。

しかし考えてみれば、これはコンサルタントに限ったことではありません。どのような仕事をしていようと、その人にはその人にしかない経験とナレッジがあります。サラリーマンのとき、私はそれをまとめようと思ったのでした。多くのコンサルタント希望者に本を書くことを提案をすると、こう言われることがあります。「書いたことがないので無理です」と。

しかし、そんなことは誰でも同じなのです。すべての作家や著者はもともと「書いたことはなかったけれど書き始めた人たち」です。書いたことがないから無理なのか、無理だと思っているので書けないのか。

また、「出版が決まったら書きます」と言う人もいます。実際に私の周りでも出版が決まって書き始めた人もいます（そして出版されました）。しかし、新人の著者（候補）で、出版の決定があってから書き始められる人など、いったいどれくらいいるでしょうか？

まずは自分で手を挙げて書き始めるしかないのです。結局は、どれほど真剣かという問題なのです。自分で自分の人生なりキャリアなりを、どれほど真剣に考えて生きているか、それだけのことです。

繰り返しになりますが、本とは「経験を通じて得たナレッジをシェア」するものです。これからコンサルタントを目指すのであれば、ぜひ本を書いてみてはどうでしょうか。本は、誰でも今すぐ書き始められるものなのです。

■会社勤めとはまったく別の価値観

さて、私の初めての本が書店の店頭に並びました。新書判のちっぽけな本です。世の中の反応はほとんど何もありませんでした。しかしある日、読者の方から連絡が来ました。それは日本たばこ産業（JT）の方からでした。もう10年以上も前の話ですから、お名前を出しても大丈夫でしょう。当時の常務取締役の秘書をされていた西山さんという方から、ある日、メールをもらったのです。「ご著書を拝読いたしました。ぜひ一度お話を伺えないでしょうか」。

これが、私の人生を変えるメールでした。私はこのメールを皮切りに、もはや興味の薄くなった「コンサルタント」という仕事に方向転換していくことになりました。「45歳までに外資系の社長になる」という目標が、このメールをきっかけに、学生の頃から考えていた「コンサルタント」に向かって流れを変えていったのでした。

それにしても、ものすごく驚きました。本というメディアの力を実感しました。同時に、私は天にも昇る気分でした。本を書こうと思ったときは、認められることが目的だったわけではありません。しかし、純粋にうれしかったのです。「ぜんぜん知らない人から、会いたいと言われる」という快感に打ちのめされました。

当時、私はまだサラリーマンをしていましたから、ある日の終業後、虎の門にあるJT本社を訪ねました。そして、西山さんの上司である松永常務にお会いしました。自己紹介をして諸々の事情、サラリーマンをしていること、夜中や休みの日などに本を書き上げたこと、出版社に持ち込んだことなどを説明しました。それで「就業中の仕事は難しいですが、それ以外なら何かできるかもしれません」と正直に申し上げました。

松永常務は、たいへん寛容な方でした。「それはますます興味深いですね」と笑ってくださり、仕事のオファーをくださいました。「水野先生、まずはセミナーをやってもらえませんか。今タバコのカテゴリーでは嫌煙家が増えていることが課題になっています。一度、顧客とカテゴリーの関係性を見直す必要があるのです。そのようなテーマで、2時間ほど社内のマーケティング部で話してもらえませんか？」。

セミナーの内容よりも、「水野先生」と言われたとき、ゾクッとしたことを覚えています。襟を正す思いがしました。「先生と呼ばれたのは、大学生のときにやっていた塾の講師以来だ」と遠い昔の記憶が蘇りました。

コンサルタントの価値観が、勤め人のそれとはまるで違うことを実感した瞬間でもありました。松永常務は、私の親ほどの年齢でした。会社の中であれば、「上司の上司」くらいの立場の方です。もし、私がＪＴの社員であれば、このように席を同じくして気軽にしゃべることなど想像もできない方だと思います。少なくとも、ＪＴクラスの会社ではそうでしょう。そのような方が、私のような若造を「先生」と呼んでくださる。

私はますます、襟を正しました。こうした姿勢は、クライアントの考え方や精神レベルにもよるでしょう。なかにはコンサルタントを業者扱いするお客様もいます。しかし、私はラッキーでした。最初に松永常務のような方にお会いして、理想的な扱いを受けたと思います。このようなクライアントからの期待とリスペクトにきちんと応えること。これこそが、コンサルタントの価値であり、責任を持って依頼を受ける側の義務なのだと思いました。

■人に教え始めることで「人がコンサルタントにしてくれた」

松永常務との出会いは、私に衝撃を与えました。どこかのコンサルティング会社に転職することもなく、まだ副業ではあるものの、私はとうとうコンサルタントになりました。ちょっと大げさですが、「運命とはこのように動くのか」と知りました。

本を書こうと思ったのは、「そのような流れ」を考えてのことではありませんでした。「これまで実践し、学んできたマーケティングやブランディングについて、世の中とシェアしよう」という思いからでした。それが、このように学生の頃に思い描いた現実を生み出すことになったのです。

しかも、根本的なところで重大な気づきをいただきました。「コンサルタントというのは自分でなるものではなく、人がコンサルタントにしてくれるものなのだ」ということです。

そのきっかけは何か？　それは、「人に教え始めること」ではないかと思います。たまま私の場合は、本がその役割をはたしてくれました。必ずしも、本である必要はないかもしれません。社内・社外での勉強会や、何らかの会合でのスピーチ、そのようなものでもいいでしょう。いずれにしても、「人に教える」ことで、人が「先生」と呼んでくれるようになるのです。

おそらく「教える」という行為そのものが「与える行為」であり、与えられた人たちは「教わる」という行為を通じて、あなたとの関係性を作るのです。もし私が、本も書かず、誰かに教えることもしないまま過ごしていたら、今でもありふれたサラリーマンとして生きていたかもしれません。それはそれで、いい人生かもしれませんが、定年を迎えたとき、きっと後悔したことでしょう。

■いきなり独立するな

ＪＴさんとの仕事以降も、コンサルティングの依頼は続きました。すべてが、本を読んだ読者の方々からの問い合わせでした。副業をしていることは、もちろん会社には内緒でした。今ではもう時効だと思っています。しかし当時も、会社に知られてもいいと思っていました。私の中では、「遅かれ早かれ、いつかサラリーマンを辞めるだろう」と思っていたからです。今では副業を認める会社も増えていますが、2000年代初頭はそうではありませんでした。もう10年以上前の話です。今は、副業から独立という流れを作りやすくなっているると思われます。私はサラリーマンとしての仕事と同じように、コンサルティングにも打ち込むようになりました。

今思うと、副業時代というのは、「本当に独立してやっていけるかどうか」のテスト期間だったと思います。PDCAで言うところの「小さく試す」時期です。この時期を通じて、手ごたえや自身の課題を明確にして、今後やっていくための必勝パターンを見つけだすのです。

たまたま、私は本というツールによって、半自動的にコンサルティングの仕事を始めることになりました。ですから、よく「独立は怖い」と言う人がいますが、私の場合はそのような恐怖心や「リスクを取る独立」という感覚はゼロでした。

今では、よく独立の相談を受けます。たいていは、「将来、独立を考えているのですが、リスクを取るのが怖いのです」という話です。当然だと思います。誰でも、昨日までのサラリーマンを辞めて、今日から自分一人で仕事を始めることが、怖くないわけがありません。

私は、自分の経験に基づいて、「いきなり独立しないほうがいいですよ」とアドバイスをします。何も「本を書いてから独立せよ」と言っているのではありません。私が言いたいのは、「独立する前に、まず副業。お客様を確保してから本格的に独立してください」ということです。

会社がなくてもお客様をつかむことは可能です。たいていは、「こんな仕事があるのですが、あなたにできますか？」という具合に依頼が持ち込まれます。ここが、独立の「真実の瞬間」です。独立は自分から集客するのではなく、もたらされた案件にＹＥＳと言うことで始まるように思います。

コンサルタントとして独立するなら、なおさらです。こちらから困っているお客様を見つけるような仕事の始め方は、コンサル業の独立プロセスとして、そもそも不自然です。医者が患者を探しに行かないように、コンサルタントもまた、請われて仕事を始めるものです。

会社設立もお客様をつかんだ後でいいのです。コンサル業は会社もスタッフも、机も必要ありません。極端に言うと「特定のサービス・メニュー」すら、必要ないかもしれません。と言うのも、多くの場合、お客様のほうから、「こんなことで困っているのですが、何とかなりませんか」と〝やるべきこと〟を提示してくれるからです。それに「いいですよ」「できますよ」と言って〝応じればいい〟のです。

逆に「こんなサービスを始めます」と、こちらから打ち出しても、なかなかクライアントは見つからないケースが多いかもしれません。まず、そのようなサービスに対するニーズを持っている人に出会うことができるかどうかわかりません。仮に出会ったとしても、そのサービスが本当にお客様のほしいと思っているものにピタリと当てはまることは少ないものです。

最後に、価格の問題があります。コンサルティングのような無形のサービスを高額で売るのは、非常に苦労することが多いのです。

一方、相談を受けて始まるスタイルであれば、簡単に独立開業することができます。まず、クライアントが「ほしいもの」を言ってくれます。それに基づいて、サービスを設計すればいいのです。

さらに、価格についてもクライアントのほうから、「これくらいの価格でどうでしょうか」と言ってくれます。それが妥当と思うなら「オーケーです」と言えばよく、もし安ければ、「もう少しほしい」と交渉すればいいのです。多くの場合、それは受け入れられます。

つまり「サービスを設計」する前に、「マーケティングを開始する」のです。お客様のほしいものをきちんと聞き、それを満たすサービスを構築すればいいのです。

コンサルティングは、自分が健康でパソコンがあればできる仕事です。しかし問題は、「クライアントが見つかるかどうか」です。コンサルタントにとって、一番の問題はここです。

したがって独立する前に、まずはクライアントを見つけることです。つまり「教える」を一刻も早く始めることです。会社の設立やスタッフの雇い入れはその後でいいのです。

実際、私もコンサルタントとしての仕事はそのようにして始まったし、そのようにしてクライアントからいただいたお金を使って会社設立の費用を作りました。

私が株式会社を設立した頃は、資本金として1000万円必要でした。しかし私は、サラリーマン時代の蓄えを切り崩すことなく、資本金、オフィス、その他の必要経費を、コンサルティングによっていただいたお金で賄いました。

■自分のキャリアパスについて考える時間だった

本からのコンサルティングの依頼は、10年以上経った今も続いています。

本を出版した次の年、私はハーシージャパンというチョコレートの会社で、マーケティング・ディレクターをしていました。まだ、コンサルタントとして完全独立するほどの確信はなかったし、よさそうなご縁をヘッドハンターからもらったからです。しかし副業のコンサルティングも続けていました。

ハーシーは、私にとって最後の転職でした。ポジションは、日本市場全体のマーケティングに責任を持つ立場です。仕事は楽しそうに見えるかもしれません。しかし、残念ながら実態はそうでもありませんでした。部下であるブランド・マネージャーの監督業務と、彼らが作る事業戦略、そこでのマーケティング費用の承認が主な仕事でした。

私を採ってくれたハーシーには失礼ですが、あまり楽しい仕事ではありませんでした。マーケティング・ディレクターという上級管理職のポジションで仕事をしていてこの退屈具合では、もっと上にいったらもっと退屈かもしれないと思うようになっていました。

日中は、チョコレートをどう売るかよりも、自分のキャリアパスについて考える時間が多くなりました。

一方、副業のコンサルティング業務は面白く、新しいご縁がどんどん広がり、さらに2冊目の書籍『戦略的パブリシティ』（オーエス出版）も出版されることになりました。

一時は、「コンサルなんてバカバカしい。外資の社長になる」と思っていたのに、実際に自分がコンサルティングをやる立場になると、「これほど面白い仕事はない」と実感しました。

コンサルタントとして完全独立する

ハーシーに入って1年後。私は上司とのサラリーレビューで言いました。「契約更新はしません」「退職金も要りません」と。出世の問題でも、お金の問題でもありませんでした。私はハーシージャパンとの契約を更新しませんでした。

当時、私は35歳。本格的にコンサルタントとして独立することにしたのです。サラリーマンの卒業という感覚です。

もう充分、サラリーマンとしての人生を楽しんだ。そろそろ次のステージに行こう。そういう感覚でした。もっとシンプルに「自分の人生」を生きたいと思いました。それが、コンサルタントとしてのフリーランスな人生に全面的に舵を切った瞬間でした。

コンサルタントの仕事にも慣れてきたし、ありがたいことに売上げも安定してきました。サラリーマンを辞めることに、まったくの躊躇も未練もありませんでした。しかし、実は今でもたまに見る夢があります。私がサラリーマンに戻る夢です。よく手入れされた最新のオフィスに出社すると、そこには快適な空間があります。部下もいます。上司もいます。おそらくＡＧＦの職場です。しかし、私の使い込んだ手帳を開くと、ページが真っ白なのです。そして、うんざりしながら思うのです。「今日も一日ヒマだなぁ」。この手帳は、おそらくハーシーの頃に使っていたものです。そんな悪夢を見たときは、目が覚めると「ああ、夢でよかった」と神様に感謝するのです。

独立することになってハーシーでの1年を振り返ると、「副業というのもラクではなかった」と改めて理解できました。「コンサルティングの仕事は楽しかった」と書きましたが、副業でやっているうちは、結局は、本業（サラリーマン）からの「逃避」なのです。逃避は辛いものです。誰よりも逃げている本人が一番辛い。どっちつかずの生活というか、立派な二重生活です。

いつかは中途半端は終わらせなければならないのです。自分が本当に何に向くのか、世の中の役に立てる分野は何なのかを、日頃から考えることが大事です。そして、どこかで二重生活にけじめをつけなければなりません。

独立コンサルはすばらしいが甘くない

２００３年７月、私は独立しました。完全にサラリーマンを辞めたのです。昼間にコンサルタントとしてフルに働く。こんな当たり前のことに「新鮮な日常」を感じました。

コンサルタントとして完全独立したある日、午前中に新規のクライアントに呼ばれて西新宿を歩いていました。陽の光がまぶしく、キラキラしていたことを覚えています。まるで、それまでプールで泳いでいた自分が、広大でおだやかな海に出たような気分でした。不安もあるけれど、その自由さと〝海の美しさ〟そのものに見とれていました。

新規のクライアントは、ある会員制リゾート会社でした。その会社の社長が、私の『戦略的パブリシティ』という本を読んでくれて、「一度、わが社のパブリシティ、ＰＲについて相談したい」と言われたのです。やはり私の親くらいの年齢の方でした。

私はすでに何社かクライアントを抱えていましたが、これは独立して最初の話でした。アポイントの時間に伺うと、そこには別のコンサルタントの方がいました。「無料で広告することを専門にしているＰＲコンサルタントです」と言われました。

「あれ？」と思いました。これまで、コンサルティングの開始にこのような始まり方はなかったからです。社長が言いました。「今後、この仕事をお二人のどちらかにやってほしいと思っています。今日はそのためにいろいろと専門家としての意見交換をしてみたいのです」と。本来、このような突然の顔合わせはあまりありません。しかし、「なるほど、即興のコンペ。品定めというわけですね」と思いました。それであれば、私は全力で意見を言うことにしました。

「御社で、パブリシティのネタになるようなことは何か」「そもそも、会員制リゾートというのは消費者から相手にされなくなっているのではないか」「たとえば、料理もサービスも、ロケーションも世界的なリゾートホテルがこれだけ台頭している中で、今や会員制であるメリットは企業の税金対策以外、どんなものがあるのか」など、まずは現状の課題を思いつくままに話しました。

数日後。社長の秘書からメールが来ました。「今回は、たいへん申し訳ありませんが、見送らせてもらいます」と。私は、言いすぎたと思いました。たしかに、何も知らない若造コンサルにそこまで言われては、社長もさぞ頭にきただろうと反省しました。

「独立コンサルでやっていくのは難しいな」と、私は思いました。昨日まではサラリーマンで、かつ、こちらが外部の専門家に対して、好きなことを言う立場でした。その調子で、本当のことをズケズケ言ったのが間違いでした。

私は、サラリーマンの頃からディベートなどで鍛えられ、「言いすぎる」傾向がありました。ましてや、マーケティング・ディレクターなどという役職をやっていると、外部の業者や部下に対して、どうしても言いたくなるスタンスがついてしまっているところがありました。きっと、モノの言い方もひどかったのだと思います。独立することで、最初に気づいたことはここでした。

私は、独立してから「言葉」が変わったと思います。それは、仕事の能力とは別の要素が仕事に影響することを知ったからです。その要素とは、言葉や態度、表情や恰好（アピアランス）などです。私たちは、言葉で人とつながっています。独立してやっていくと決めたときから、常にそれを意識するべきだと思います。

ところで、この会員制リゾート会社との話はここで終わらないのです。数年後、この会社は詐欺罪で会員から集団で訴えられるというニュースとなって、私の前に再度、登場しました。ＰＲはＰＲでも、ネガティブなニュースとして出てきたのです。私が会った社長が、マスコミにノーコメントを決め込んで、カメラから逃げるように走り去る姿が映し出されました。

「あのとき、この仕事を受けなくてよかった」と心底思いました。このような会社にアドバイスをしたのが私だったとしたら、それこそ私のブランドに傷がつきます。「神様が助けてくれた。守ってくれた」と私は思いました。

独立してやっていくのはたいへんかもしれないし、ときには嫌な思いをすることもあるでしょう。しかし長い目で見ると、それもまた正解であることも多いと、今では実感しています。

新潟県酒造組合さんの仕事

本を書いたことは、私に意外な縁もくれました。興味深いことに、ヘッドハンターもまた、私の本を読んでくれていました。飯田昇さん。飯田さんは本を読んで、「一度、お会いしたい」と連絡をくださいました。スカウトの話かと思いましたが、飯田さんは意外なことを言いました。「以前、私はレミージャポン（マキシアム）にいたのです。ご著書を読んで〝これは私のいた会社の話だ〟と思いました」と。

飯田さんはサントリー出身です。新卒での営業部採用を皮切りに、ニューヨーク勤務などを経て、レミージャポンに転職。その後、エグゼクティブ・サーチ会社に転職して、営業マーケティング分野のヘッドハンターとしてキャリアを積み、そして独立して自分の事務所を構えたばかりでした。当時60歳でした。定年退職して、第二のキャリア人生を人材コンサルタントとして歩み始めたところでした。

私は、飯田さんとの共通点（一番はマキシアムにいたこと）の多さに驚き、ちょうど私も独立したばかりだったので大いに気が合いました。以来、私のビジネス・パートナーとなりました。

あるとき、飯田さんが新しいクライアントを紹介してくれました。「よしろうさん、サントリー時代の後輩が、新潟の清酒のブランディングを手伝ってくれる人を探している」と。その人は、緑川酒造（新潟県魚沼市）の大平俊治さんでした。現在、ご自身の会社（蔵元）の社長であり、新潟県酒造組合の副会長でもあります。「よしろうさんを紹介したいと思っている」と、飯田さんはご縁をくれました。

後日、三人で新宿の居酒屋で会いました。食事をしながらいろいろな話をしました。私も酒類業界に働いていた経験があり、終始、お酒の話でとても楽しく過ごしました。会食の終わり頃、大平さんは新潟の清酒をブランディングするに当たり、「にいがた酒の陣」という日本酒イベントを企画していると教えてくださいました。「新潟清酒のオクトーバーフェスト（ミュンヘンで開催される世界一のビール祭り）を作り上げたいのです」と。そして、その協力をしてもらえないかと言われました。

私はとてもうれしくなり、その場で「こちらこそ、よろしくお願いします」と言いました。別れ際、新宿の歩道橋の上で固い握手をしたことを覚えています。

あれから十数年。今でも私は、新潟県酒造組合のお仕事をいただいています。そして今では、「にいがた酒の陣」は2日間で10万人を超す日本最大の日本酒イベントになりました。２０１２年からは、それを海外に展開することを始めています。新潟の90社以上ある蔵元の社長さんたちには、コンサルタントという立場を超えて、「本当の身内」のようにしていただき、すばらしい時間を過ごさせていただいています。このようなご縁をいただくことができたのも、飯田さんのおかげでした。

２００５年6月16日。飯田さんはこの世を去りました。舌癌でした。わずか2年弱のお付き合いで、これから飯田さんの仕事も飛躍していくタイミングでした。よく、入院している東京医科歯科大学病院にお見舞いに行きました。飯田さんはいつも新渡戸稲造の『武士道』を読んでいました。「よしろうさん、退院したらうまい肉を食いに行こう」と言っていたのに、約束ははたせないままでした。今でも大平さんと、飯田さんの話をよくします。本を出さなければ、飯田さんとの出会いや大平さんとのご縁もなかったことでしょう。あらためて感謝です。

■すべては予定通りに進んできたのではないか

これが、私の「下積み時代」の物語です。考えてみれば、私は事業会社でのキャリアを通じて、「コンサル独立のための準備」を進めてきたように思います。キャリアのそれぞれのステージでは、そこに計画性があったとは言えません。では、すべて成り行きだったか。そうでもなさそうです。

22歳の私が、織田先生に相談したときから、このようなシナリオがあったのかもしれません。無意識のうちに、そのようなシナリオを描いてきたようにも思います。一時は、「コンサルタントなんてつまらない仕事だ」と考えたこともありましたが、今こうして結果を見てみると、実に無駄のない12年のサラリーマン生活でした。

自分の12年を肯定的に見てみると、すべてが自然に進んできたように思います。AGFの大阪支店で営業を始めたのも、「物語」のオープニングとしては最適なものでした。コーヒーマーケティング部での「七転八倒」も必要なことでした。マキシアムで、世界レベルのブランディングを目の当たりにしたのもそうです。

そして、その後の諸々も、独立開業へのポジティブな仕掛けに思えます。コンサルタントになるためにどのような道を通るかは、あまり意味はなく、その時々を充実して過ごすことが重要です。そして、これが幸せの正体かもしれません。そこには「いい」「悪い」の価値判断を超えた「学び」があるように思います。そのような12年を与えられたことに、私はたいへん感謝しています。

■織田先生への報告

２０１3年2月。本書の前作となる『たった1年で〝紹介が紹介を生む〟コンサルタントになる法』（同文舘出版）が出版されました。私はこの本を出したとき、20年以上前にもらった織田先生のアドバイスをあらためて思い出しました。そして、ハッと気づきました。「コンサルタントになったことを、まだ織田先生に報告していない」ことに。不覚でした。独立して10年の時間が経っていました。本来であれば、独立したときにご挨拶に伺うべきでした。

私は早速、ウェブで織田先生のホームページを調べました。ちょうど、その週末に池袋ロフトで個展を開かれていることを知りました。私は、アポも取らないまま拙著を持って会場に挨拶に行きました。

会場では、作品を買ったファン一人一人に織田先生はサインをしながら、言葉をかけていらっしゃいました。歳こそ重ねておられましたが、当時と変わらない雰囲気で、とても懐かしい思いにかられました。タイミングを見て、織田先生に声をお掛けしました。
「実は、20数年前に織田先生にコンサルタントになる相談をした際、〝いきなりコンサル会社には入るな〟とアドバイスをもらいました。また、大事な三つのことも教えてもらいました。そして、このようなキャリアを積んでコンサルタントになりました。織田先生に教えられたとおりのキャリアでした。本来なら独立時にご挨拶に伺うべきでしたが、私の不徳の致すところで、今日まで伺うことができませんでした」

織田先生は非常に驚かれ、しかしたいへん喜んでくださいました。そして、このように言ってくださいました。「僕がコンサルタントをやった経験で言うと、アドバイスをしても行動に移す企業は限られていました。しかし、行動に移す企業はちゃんと成果を出してきました。とくに粘り強さは大事です。人も同じです。20年かけて、ちゃんとやり遂げたのですね」と。

織田先生は私の父親と同じ年齢です。そのような先生からこのような言葉をもらい、私は感慨深いものをしみじみと感じました。そして、貴重なアドバイスをくださった織田先生にあらためて感謝しました。

これからコンサルタントを目指すあなたへ

本書もそろそろ終わりです。最後に、コンサルタントの資質についてお話ししましょう。ひょっとすると、コンサルタント的発想の五つ目に入れてもいいかもしれませんが、正確には「コンサルタント的あり方」です。

人によっては、「仕事で成果が出せれば、それが資質なのではないか」と考えるかもしれません。たしかに、仕事の成果は大事です。これは言うまでもありません。しかし、「それは能力ではあっても資質ではない」と、私は考えています。資質とは、本来的に備わっている「性質」を示すものです。

これまでの経験で思うのは、「コンサルタントは人柄でファンを作る仕事」だということです。その本質は「真摯であること」だと思います。

真摯であるとは、真面目で熱心なことです。真面目に熱心にクライアントに向き合うことです。考えてみれば、どんな商売でも同じですが、真摯さこそコンサルタントの魅力だと私は考えます。そのようなコンサルタントほど、クライアントから頼られ愛されるのだと思います。

これからコンサルタントになるためのキャリアを積むあなた。日頃の仕事を「真面目に熱心に」やってください。面白い仕事ばかりではないかもしれません。しかし、与えられた仕事に感謝して、「真面目に熱心に」取り組むのです。

そのような経験と仕事への態度こそ、あなたを魅力的なコンサルタントに仕立て上げるのだと思います。

それでは、ご健闘を祈ります。

おわりに

本書は、『たった1年で〝紹介が紹介を生む〟コンサルタントになる法』の続編として書きました。前作が、現役コンサルタント向けに「いかにクライアントに向き合うべきか」をテーマとしたのに対して、本書はコンサルタント志望の方々に向けて、「コンサルタントとして開業する前に何を学ぶべきか」について述べています。

本書の企画を、同文舘出版の古市達彦編集長からいただいたとき、次のように言われたことを覚えています。

「世の中のコンサル向けの本は〝どうやったら集客できるか〟とか〝年収をいくらにするにはどうしたらいいか〟といった内容のものばかりです。要は、コンサルタントになった後にあわてて考えるテーマのものばかりです。

それはそれで否定はしませんが、本当に大事なことは、その人がコンサルタントになるまでに目の前の仕事を一所懸命にやって、何を吸収したら商売としてやっていくことができるだけの、実力のあるコンサルになれるかを示すことだと思うのです。

コンサルになる前に、着手しなければならないことがきっとあるはずです。そのような根底にあることを、水野さんの経験を通じて書いてみませんか」

私はそのテーマに、コンサルタント志望者へのメッセージ性と、それを書くことの責任の重さを感じました。そして、書いてみたいと思いました。問題は、「どのように表現するか」でした。

コンサルタント的発想を説明する材料として、本書では「私自身の下積み時代」を正直に書くことにしました。書き終わってみると、成功よりも失敗談や「人に助けられた話」が多いことに気がつきました。

コンサルタントと言っても、さまざまなキャリアパスがあります。その中で、私自身のキャリアが正解だとは考えていません。しかし信念を持ってやってきたことであれば、私の話であっても許してもらえるのではないかと願っています。本書の内容には、そのような意図があることを最後にお伝えします。

本書を手に取っていただき、ありがとうございます。

前作より同文舘出版をご紹介いただいた、（財）ブランド・マネージャー認定協会代表理事の岩本俊幸様、すばらしいご縁をいただき、あらためてお礼を申し上げます。私と一緒に「クライアントの役に立つコンサルタント」を目指し、毎月のセッションに参加している生徒のみなさま、ありがとうございます。本書でたびたび登場していただいたサラリーマン時代の上司・先輩・同僚のみなさま、ありがとうございます。独立当初、駆け出しの私に過分な応援をしてくださったクライアントのみなさま、ありがとうございます。みなさまのおかげで、コンサルタントになることができました。そして、現在もご指導いただいているメンターの方々、本当にありがとうございます。最後に同文舘出版株式会社取締役、編集局・ビジネス書編集部部長、古市達彦様、今回もすばらしい機会をいただき、ありがとうございます。

みなさまに感謝いたします。

水野与志朗

著者略歴

水野与志朗（みずのよしろう）

経営者、経営コンサルタント、著者、講演家
ビーエムウィン（水野与志朗事務所株式会社）代表取締役社長
㈶ブランド・マネージャー認定協会理事

1992年学習院大学経済学部卒業。味の素ゼネラルフーヅ㈱大阪支店第一営業課、営業統轄室営業企画グループ、コーヒーマーケティング部ブレンディ・グループにてキャリアを積む。その後、マキシアム・ジャパン㈱にて「レミーマルタン」「アブソルート・ウォッカ」など、スピリッツ・ブランドのブランド・マネージャー、マーケティング・マネージャーを務めた後、ハーシージャパン㈱にてチョコレート・ブランドのマーケティング・ディレクターに就任する。2002年に『ブランド・マネージャー』（経済界）を出版。それをきっかけに読者から相談を受けるようになり独立。以来、マーケティング、ブランディングを得意とする経営コンサルタントとして200社以上の経営者、事業責任者として働く。現在は、いくつかの会社の役員も務める。また、㈶ブランド・マネージャー認定協会ではブランド・マネージャーの育成、コンサルタントの育成にも取り組む。1968年5月6日生まれ。

著書として、『ブランド・マネージャー』（経済界）、『戦略的パブリシティ』（オーエス出版）、『THE BRAND BIBLE』（総合法令）、『ブランド戦略実践講座』（日本実業出版社）、『たった1年で〝紹介が紹介を生む〟コンサルタントになる法』（同文舘出版）、『「相談からはじまる営業」ならこんなに売れる！』（同文舘出版）がある。

水野与志朗公式サイト
http://www.bmwin.co.jp/
連絡先：yoshiro.mizuno@bmwin.co.jp

5年以内にコンサルタントで独立して成功する法

平成27年3月5日　初版発行

著　者　水野与志朗
発行者　中島治久
発行所　同文舘出版株式会社
東京都千代田区神田神保町1-41　〒101-0051
電話　営業03（3294）1801　編集03（3294）1802
振替　00100-8-42935
http://www.dobunkan.co.jp

ISBN978-4-495-52941-3
印刷／製本：三美印刷
Printed in Japan 2015